Taped Exercises for

Basic and Intermediate Italian

Second Edition

TAPED EXERCISES FOR
BASIC AND INTERMEDIATE ITALIAN
Second Edition

ARMANDO DI CARLO
University of California, Berkeley

ROMANA CAPEK-HABEKOVIC´
University of Michigan, Ann Arbor

The McGraw-Hill Companies, Inc.
Primis Custom Publishing

New York   St. Louis   San Francisco   Auckland   Bogotá
Caracas   Lisbon   London   Madrid   Mexico   Milan   Montreal
New Delhi   Paris   San Juan   Singapore   Sydney   Tokyo   Toronto

McGraw-Hill Higher Education
A Division of The McGraw-Hill Companies

TAPED EXERCISES FOR

BASIC AND INTERMEDIATE ITALIAN

  67890 DEH DEH 0987654

P/N 0-07-245909-3 of set
ISBN 0-07-245917-4

Editor: Karen Perry
Cover Design: Joshua B. Staudinger
Printer/Binder: DeHart's Printing Service

TABLE OF CONTENTS

PREFACE

The objective of these <u>Taped Exercises</u> is to develop and enhance the audio-oral skills of beginner and intermediate foreign language students. The material presented in each unit is intended as a supplement to any basic or intermediate Italian course. The exercises foster listening comprehension and aim at increasing oral proficiency. Early exposure to natural speech in a foreign language accustoms the learner to the natural fluency of the language and its different tonalities. Students first receive a comprehensible input and then practice their oral skills by creating new sentences. The input requires that listening comprehension activities be considered of utmost importance. These listening exercises are meaningful and are conducted in a way that allows students to have a clear perception of content and form.

An important feature of the following <u>Taped Exercises</u> is that each unit contains a self-evaluative device not commonly found in commercial laboratory manuals or textbooks. The exercises can be used either for self-study or under the guidance of an instructor. They can be implemented whenever extra aural-oral practice is needed. The exercises are also appropriate for refresher courses.

This program consists of:

1. A text, which contains the story, the gist of the story in English, and a vocabulary list.

2. A CD containing the story and the questions and answers related to it in Italian.

Step n. 1

Students listen to the taped story as many times as they wish in order to acquire total listening comprehension in Italian.

A synopsis in English and a vocabulary list for each story is provided to facilitate listening comprehension.

Step n. 2

The tape will guide students in answering the questions and will also provide the right answers.

Students can try to answer the questions as many times as they wish until they get all the answers right.

Acknowledgments

We would like to thank our colleagues and friends Mark Avila, Claudia Pompei Karagoz, Manuel Rota, Marco Ruffini, Nora Stoppino, Sandy Waters, and Irene Zanini for their assistance in recording the stories and dialogs for this edition of <u>Taped Exercises</u>. Their participation has made it possible to represent in this work the entire spectrum of the Italian standard language as spoken throughout Italy today. Our gratitude goes also to all the instructors at UC Berkeley and at the University of Michigan, Ann Arbor, who put this book to its best use in its earlier edition. We are also grateful to Professors Ruggero Stefanini and Catherine Feucht for their kind support and help.

UNIT I   (Unità I)

Tape script part 1   (Registrazione della prima parte)

Alessandra Sullivan è una ragazza americana. Lei studia all'università della California a Berkeley. È una ragazza brava ed intelligente ed è anche molto carina e simpatica. È una bella ragazza bionda, ha capelli lunghi e occhi azzurri, è snella ed è alta circa un metro e settanta. Alessandra è di San Francisco ma abita a Berkeley dove studia. Il padre di Alessandra si chiama Robert, è americano, è di Detroit, la più grande città del Michigan. La madre di Alessandra si chiama Laura, è italiana ed è di Bologna. La famiglia Sullivan abita a San Francisco in una bella casa. Alessandra è nata a San Francisco il 28 marzo 1980, ha quindi venti anni. Alessandra ha un fratello che si chiama Roberto e una sorella che si chiama Anna. Roberto ha 16 anni e Anna ha 9 anni. Anna è una bambina molto allegra e frequenta la scuola elementare. Roberto frequenta il secondo anno della scuola superiore. Alessandra frequenta il secondo anno di università e fra i vari corsi, segue un corso di lingua italiana avanzata. Lei vuole imparare l'italiano molto bene perchè desidera andare in Italia a visitare i nonni materni che abitano a Bologna. Alessandra come tutti gli altri studenti è un po' preoccupata perchè i corsi sono difficili e deve studiare molte ore al giorno e non ha molto tempo per uscire con gli amici o andare in discoteca; in più il fine settimana spesso deve rimanere a casa per aiutare la sorellina Anna che qualche volta ha difficoltà a fare i compiti.

Synopsis

An Italian-American Family. Alessandra is a member of an Italian-American family that lives in San Francisco. Her father is American and her mother is Italian. She is a very pretty girl who wants to learn Italian to visit her maternal grandparents in Bologna (Italy). Alessandra is twenty years old; she has a brother and a sister who live with their parents in San Francisco. Alessandra is a sophomore at the University of California in Berkeley, where she lives. She is very busy because she is taking several courses at the University and does not have time to go to the discotheque with her friends. Also she helps her younger sister Anna, who is a student in Grade School, with homework.

VOCABULARY

The following vocabulary is useful in talking about family members.

Nouns

l'amico (gli amici)	*friend(s)*
l'anno	*year*
la bambina	*little girl*
i capelli	*hair*
la casa	*house*
la città	*city*
il compito	*homework*
il corso	*course*
la discoteca	*discotheque*
la famiglia	*family*
il fine settimana	*weekend*
il fratello	*brother*
la lingua	*language*
i nonni	*grandparents*
l'occhio (gli occhi)	*eye(s)*
l'ora	*hour*
la ragazza	*girl*
la scuola elementare	*Grade School*
la scuola superiore	*High School*
la sorella	*sister*
la sorellina	*little sister*
il tempo	*time*
l'università	*university*

Verbs

abita	*lives*
aiutare	*to help*
andare	*to go*
si chiama	*his name is*
deve	*must*

desidera	*wishes*
è	*is*
fare	*to do*
frequenta	*attends*
ha venti anni	*is twenty years old*
impara	*learns*
è nata	*was born*
rimanere	*to remain*
seguire un corso	*to take a class*
visitare	*to visit*
vuole	*wants*
uscire	*to go out*

Adjectives

allegro	*happy*
alto	*tall*
americano	*American*
avanzato	*advanced*
azzurro	*blue, azure*
bello	*pretty, beautiful*
biondo	*blond*
bravo	*able, good*
carino	*cute*
difficile	*difficult*
grande	*large*
intelligente	*intelligent*
lungo	*long*
materno	*maternal*
preoccupato	*worried*
simpatico	*nice*
sua	*her*
snello	*slim*
vario	*various*

Different Expressions

al giorno	*daily*
anche	*also*
bene	*well*
circa	*about*
come	*as*
di (prep.)	*from*
dove	*where*
fra (prep.)	*between, in*
e	*and*
in più	*in addition*
invece	*instead*
lei	*she*
molto	*very*
per (prep.)	*for*
perchè	*because, why*
più	*more*
primo (num.)	*first*
qualche volta	*sometimes*
quindi	*therefore*
secondo (num.)	*second*
spesso	*often*
tutti gli altri studenti	*all other students*
tutti e due	*both*
un po'	*a little bit*

Tape script part 2   (Registrazione della seconda parte)

Listen to the story several times then respond to the questions the best way you can: *(Ascolta la storia molte volte e poi rispondi alle domande nel miglior modo possibile)*

Adesso parliamo un po' di Alessandra Sullivan. *Dove studia Alessandra?*

_____

Sì. All'università della California. *In quale città?*

A Berkeley. *Come è Alessandra?*

_____

Esatto. È una studentessa brava ed intelligente. *È anche carina e simpatica?*

_____

Sì. È molto carina e simpatica. *Può descrivere il suo aspetto fisico?*

_____

È una bella bionda con capelli lunghi e occhi azzurri. *È snella?*

_____

Sì, è snella. *Quanto è alta Alessandra?*

_____

Un metro e settanta. *E Lei quanto è alta/ o?*

_____

Bene. *Di dove è Alessandra? Dove abita?*

_____

Vero. È di San Francisco ed abita a Berkeley. *Perchè abita a Berkeley?*

_____

Esattamente. Perchè studia all'università della California. *E Lei dove studia?*

_____

Bene. *Che cosa studia?*

_____

Bene. *Ritorniamo ad Alessandra. Come si chiama il padre di Alessandra?*

_____

Il padre di Alessandra si chiama Robert. *E la madre come si chiama?*

_____

La madre si chiama Laura. *E di dove sono?*

_____

Suo padre è di Detroit e sua madre è di Bologna. *Dove è Bologna?*

_____

Bologna è in Italia. *E Detroit dove è?*

_____

Detroit è nel Michigan. *E Lei di dove è?*

_____

Bene. *Dove abita la famiglia di Alessandra?*

_____

Abita in una bella casa a San Francisco. *E la tua famiglia dove abita?*

6

Bene. *Quanti anni ha Alessandra?*

———————————————

Alessandra ha venti anni. *E Lei quanti anni ha?*

———————————————

Bene. *E dove e quando è nata Alessandra?*

———————————————

È nata a San Francisco, il 28 marzo 1980. *E dove e quando è nata / o Lei?*

———————————————

Bene. *Quanti fratelli ha Alessandra?*

———————————————

Un fratello e una sorella. *Come si chiamano?*

———————————————

Roberto e Anna. *E Lei quanti fratelli ha? Come si chiamano?*

———————————————

Bene. *Quanti anni ha Roberto e quanti anni ha Anna?*

———————————————

Roberto ha 16 anni e Anna ha 9 anni. *Come è Anna? Che scuola frequenta?*

———————————————

Anna è molto allegra. Frequenta la scuola elementare. *Che scuola frequenta Roberto?*

———————————————

Roberto frequenta la scuola superiore. *E Alessandra dove studia?*

———————————————

Alessandra studia all'università della California. *Segue un corso di lingua italiana?*

———————————————

Sì, lei segue un corso di lingua italiana. *Perchè Alessandra vuole imparare l'italiano?*

———————————————

Bene. Perchè vuole andare in Italia. *Anche Lei vuole andare in Italia?*

———————————————

Sì. Anch'io voglio andare in Italia. *Perchè Alessandra vuole andare in Italia?*

———————————————

Per visitare i nonni materni. *Dove abitano i nonni di Alessandra?*

———————————————

Bene. Abitano a Bologna. *Conosce qualche altra città italiana?*

———————————————

Sì. Roma, Firenze, Milano, Torino, Napoli, Venezia, Palermo, Genova. *Ritorniamo ad Alessandra. Perchè lei è preoccupata?*

Perchè i corsi sono difficili. *Quante ore al giorno deve studiare?*

_____

Deve studiare molte ore. *Povera Alessandra! Non ha molto tempo per...*

_____

Sì. Per uscire con gli amici. *E per...*

_____

Sì. Andare in discoteca. *Perchè Alessandra deve rimanere a casa?*

_____

Sì. Per aiutare la sorellina. *E perchè deve aiutare la sorellina?*

_____

Perchè la sorellina Anna qualche volta ha difficoltà a fare i compiti. *È brava Alessandra?*

_____

Sì, è molto brava perchè aiuta la sorellina.

Bene, abbiamo finito per adesso, arrivederci a presto con la prossima lezione.

UNIT II   (Unità II)

Tape script part 1   (Registrazione della prima parte)

Alessandra Sullivan studia all'università della California a Berkeley. Oltre al corso di italiano, lei segue un corso di biologia, uno di informatica e uno di scienze politiche. In tutto frequenta quattro corsi. Alessandra è molto occupata, infatti va a scuola tutti i giorni e passa dalle tre alle quattro ore al giorno seduta sui banchi dell'università. Passa quindi tutta la settimana a Berkeley dove abita in un appartamentino. Soltanto il fine settimana, di solito il venerdì sera, ritorna a San Francisco dai suoi genitori. L'appartamentino di Alessandra è molto bello. È situato su una collina nella parte nord di Berkeley non lontano dall'università, infatti Alessandra va all'università a piedi, una vera e propria comodità in una città come Berkeley dove è veramente difficile trovare un parcheggio per la macchina. Dal suo appartamento Alessandra può vedere tutta la baia di San Francisco che è uno spettacolo bellissimo. Da una delle finestre del suo appartamento si vede il Golden Gate e il Bay Bridge, il grandissimo ponte che unisce le città di Berkeley e Oakland a San Francisco.

Un panorama veramente incantevole. Alessandra è una ragazza molto responsabile e anche molto ordinata. Il suo appartamentino è sempre pulito ed in ordine. Esso consiste di una piccola cucina situata all'angolo del salotto, di un bagno e di una camera da letto. I libri sono sempre in ordine sugli scaffali vicino alla scrivania. Sulla scrivania c'è anche il computer. Alessandra come tutti gli studenti americani usa spesso il computer sia per fare le sue ricerche, sia per scrivere o per ricevere e mandare posta elettronica ai suoi amici.

Synopsis

Student Life. Alessandra Sullivan studies at the University of California at Berkeley. In addition to Italian, she studies biology, computer science, and political science. She spends the week in Berkeley in her little apartment, and on Fridays she goes back to her parents' house in San Francisco. Alessandra's apartment is close to the university and offers a beautiful view of the Golden Gate and the Bay Bridge. Alessandra is a very responsible and neat person, and her apartment, which consists of a small kitchen, bathroom, and one bedroom, is always tidy.

VOCABULARY

The following terms are useful for discussion of student life on and off campus.

Nouns

l'amico	*friend*
l'appartamentino	*small apartment*
il bagno	*bathroom*
la baia	*bay*
il banco	*desk*
la camera da letto	*bedroom*
la città	*city*
la collina	*hill*
la comodità	*convenience*
il computer	*computer*
la cucina	*kitchen*
la finestra	*window*

il libro	*book*
la ricerca	*research*
la macchina	*automobile*
il nord	*north*
il panorama	*view*
il parcheggio	*parking space*
la parte	*part*
il ponte	*bridge*
la posta elettronica	*e-mail*
il salotto	*living-room*
lo scaffale	*shelf*
la scrivania	*desk*
lo spettacolo	*sight*
l'unità	*unit*
il venerdì	*on Fridays*

Verbs

c'è	*there is*
consiste	*consists*
è situata	*is located*
fare	*to do*
mandare	*to send*
passa	*spends*
può	*is able, can*
ritorna	*returns*
scrivere	*to write*
sia ... sia	*either ... or*
si vede	*one can see*
trovare	*to find*
va a piedi	*walks*
vedere	*to see*
unisce	*unites*
usa	*uses*

Adjectives

difficile	*difficult*
incantevole	*delightful*
occupato	*busy*
ordinato	*neat*
piccolo	*little*
pulito	*clean*
responsabile	*responsible*
seduto	*seated*
situato	*situated*
vero e proprio	*true*

Different Expressions

all'angolo	*on the corner*
anche	*also*
come	*as*
dalle tre alle quattro	*from three to four*
di solito	*usually*
esso	*it*
infatti	*in fact*
in ordine	*tidy*
lontano	*faraway*
o	*or*
oltre	*besides*
quindi	*therefore*
quattro	*four*
sempre	*always*
soltanto	*only*
spesso	*often*
tutti i giorni	*every day, daily*
veramente	*really, truly*
vicino	*near*

Tape script part 2   (Registrazione della seconda parte)

Listen to the story several times then respond to the questions the best way you can: *(Ascolta la storia molte volte e poi rispondi alle domande nel miglior modo possibile)*

Alessandra Sullivan studia all'Università della California. *Quali corsi segue?*

_____

Sì. Italiano, biologia, informatica e scienze politiche. *Quanti corsi frequenta in tutto?*

_____

In tutto frequenta 4 corsi. *E tu quanti corsi frequenti?*

_____

Bene. *Perchè Alessandra è molto occupata?*

_____

Sì. È molto occupata perchè va a scuola tutti i giorni. *Quante ore al giorno è seduta sui banchi dell'università?*

_____

Bene. Dalle tre alle quattro ore al giorno. *Dove passa la settimana?*

_____

A Berkeley. *E dove abita?*

_____

Sì. In un appartamentino. *E che cosa è un appartamentino?*

_____

Bene. È un appartamento piccolo. *E tu dove abiti?*

_____

Bene. *Quando ritorna a San Francisco Alessandra?*

_____

Esattamente. Il fine settimana, di solito il venerdì. *E tu dove passi il fine settimana?*

_____

Bene. *Come è l'appartamento di Alessandra? Dove è situato?*

_____

Sì. È molto bello ed è situato su una collina. *È lontano o vicino all'università?*

_____

È vicino. *Come va all'università Alessandra?*

_____

Sì. A piedi. *E tu come vai all'università, a piedi, in macchina, con l'autobus o in bici?*

Bene. *È facile trovare il parcheggio per la macchina a Berkeley?*

_____

No, è molto difficile. *Cosa può vedere Alessandra dal suo appartamento?*

_____

Sì. La baia di San Francisco, uno spettacolo bellissimo. *E da una delle finestre cosa vede?*

_____

Sì. Il Golden Gate e il Bay Bridge. *Quali città unisce il Bay Bridge?*

_____

Bene. Unisce le città di Oakland e Berkeley a San Francisco. *E il panorama come è?*

_____

Sì. Veramente incantevole. *Oltre ad essere carina, Alessandra come è?*

_____

Bene. Lei è molto responsabile e ordinata. *E tu sei responsabile?*

_____

Bene. Puoi descrivere l'appartamentino di Alessandra?

_____

Bene. C'è un salotto, una piccola cucina, una camera da letto e un bagno. *Dov'è situata la cucina?*

_____

Sì. La cucina è situata all'angolo del salotto. *È vero che l'appartamento è sempre pulito e in ordine?*

_____

Sì, è sempre pulito e in ordine. *Dove sono i libri?*

_____

Bene. Sugli scaffali vicino alla scrivania. *E il computer dove è?*

_____

Sulla scrivania. *Gli studenti americani usano il computer spesso?*

_____

Sì, spesso. *Anche tu usi il computer spesso?*

_____

Bene. *Alessandra usa il computer per fare che cosa?*

_____

Sì. Per fare ricerche, per scrivere e per ricevere e mandare posta elettronica.

Bene abbiamo finito per adesso, arrivederci a presto con la prossima lezione.

UNIT III   (Unità III)

Tape script part 1   (Registrazione della prima parte)

Robert e Laura Sullivan, i genitori di Alessandra, sono una bella coppia e hanno una bella famiglia. Sono sposati da molti anni e abitano a San Francisco. Robert Sullivan è nato a Detroit nel 1948 ed ha cinquantadue anni, è molto alto, circa un metro e 82 centimetri, ha i capelli castani e gli occhi verdi. È un bell'uomo. Fa il medico a San Francisco. Robert ha conosciuto Laura, sua moglie, a Bologna, infatti il signor Sullivan ha studiato per un anno a Bologna prima di ricevere la laurea in medicina all'università del Michigan. Laura è una donna bellissima e molto simpatica. Ha un sorriso incantevole, è alta circa un metro e 68, ha una faccia rotonda ed un'espressione sempre allegra. Lei è anche un'ottima cuoca, e cucina naturalmente alla bolognese. I tortellini sono la sua specialità. Robert ha conosciuto Laura in una festa dove c'erano studenti americani e italiani. È stato un amore a prima vista, un'infatuazione tra   due persone appartenenti a culture diverse. È curioso sapere che quando si sono conosciuti, Robert parlava un italiano terribile poichè era appena arrivato in Italia, e Laura non conosceva nemmeno una parola d'inglese. Ma l'amore non ha bisogno di parole, infatti si guardavano e sorridevano in continuazione. Un giorno Laura invitò Robert, ormai divenuto il suo ragazzo, alla sua casa per farlo conoscere ai suoi genitori. Un incontro incredibile: Robert era molto nervoso, preoccupato, non aveva mai immaginato di entrare in una casa italiana per conoscere i genitori della sua futura moglie. Anche Laura e i suoi genitori erano nervosi alla presenza di Robert, uno studente americano che veniva da una terra lontana migliaia di chilometri e che parlava una lingua così strana che loro non capivano affatto.

Synopsis

Bicultural Parents. Alessandra's parents, Robert and Laura Sullivan, have been married for many years. They live in San Francisco. Robert was born in Detroit, and he graduated from the University of Michigan Medical School. He met his wife in Bologna where he studied for one year. They had met at a party organized by American and Italian students. It was love at first sight. Soon after that first meeting they became a couple. They still remember the time when Laura introduced her American boyfriend to her parents who did not speak any English. Both sides were very nervous trying to understand cultural differences that existed between them.

VOCABULARY

The following terms are useful for understanding the interactions between people belonging to different cultures.

Nouns

l'anno	*year*
il centimetro	*centimeter*
il chilometro	*kilometer*
la coppia	*couple*
la cultura	*culture*
la cuoca	*cook*
la donna	*woman*
l'espressione	*expression*
la faccia	*face*
la festa	*party*
i genitori	*parents*
il giorno	*day*
l' incontro	*meeting*
l'infatuazione	*infatuation*
l'inglese	*English*
l'italiano	*Italian language*
la laurea	*degree*
le migliaia (pl.)	*thousand*
la moglie	*wife*
l'occhio	*eye*
la parola	*word*
la persona	*person*
il ragazzo	*boyfriend*
il signore	*mister*
il sorriso	*smile*
la specialità	*specialty*
la terra	*land*
i tortellini	*kind of pasta*
l'uomo	*man*

Verbs

aveva immaginato	*had imagined*
c'erano	*they were*
cucina	*cooks*
conosceva	*knew*
è nato	*was born*
entrare	*to enter*
era appena arrivato	*had just arrived*
fa il medico	*is a doctor*
farlo conoscere	*to have him meet*
ha conosciuto	*met*
cinquantadue anni	*fiftytwo*
ha studiato	*studied*
invitò	*invited*
non capivano affatto	*did not understand at all*
parlava	*spoke*
ricevere	*to receive*
sapere	*to know*
si sono conosciuti	*they met*
si guardavano	*they looked at each other*
sorridevano	*they smiled*
veniva	*was coming*

Adjectives

allegro	*happy*
alto	*tall*
appartenente	*belonging*
bellissimo	*very beautiful*
castano	*brown*
curioso	*curious*
diverso	*different*
futuro	*future*
incredibile	*incredible*
lontano	*far*

nervoso	*nervous*
ottimo	*excellent*
preoccupato	*worried*
rotondo	*round*
sposato	*married*
strano	*strange*
verde	*green*

Different Expressions

alla bolognese	*Bolognese style*
alla presenza	*in the presence*
amore a prima vista	*love at first sight*
anche	*also*
circa	*about*
così	*so, in this way*
mai	*never*
molto	*very*
nemmeno	*not even*
ormai	*by now*
ottantadue	*eighty two*
poichè	*since, because*
quando	*when*
sessant'otto	*sixty eight*

Tape script part 2   (Registrazione della seconda parte)

Listen to the story several times then respond to the questions the best way you can: *(Ascolta la storia molte volte e poi rispondi alle domande nel miglior modo possibile)*

Bene. Continuiamo la storia di Alessandra. *Come si chiamano i suoi genitori?*

_____

Sì. Robert e Laura. *Sono una bella coppia?*

_____

Sì. Sono una bella coppia. *Quanti figli hanno?*

Bene. Hanno tre figli. *Ti ricordi come si chiamano?*

_____

Alessandra, Anna e Roberto. *Da quanti anni sono sposati Robert e Laura?*

_____

Sì. Sono sposati da molti anni. *E dove abita questa bella coppia?*

_____

Bene. A San Francisco. *Dove e quando è nato Robert?*

_____

Bene. A Detroit, nel 1948. *Quanto è alto?*

_____

Sì. È molto alto, circa un metro e 82 centimetri. *Puoi descrivere il signor Sullivan?*

_____

Sì. È un bell'uomo, ha i capelli castani e gli occhi verdi. *Di che colore sono i tuoi capelli?*

_____

Bene. *Che professione fa il signor Sullivan?*

_____

Esattamente. Fa il medico a San Francisco. *Dove ha conosciuto sua moglie?*

_____

Bene. A Bologna. *Dove ha studiato per un anno Robert?*

_____

Sì. A Bologna. *Dove ha ricevuto la laurea?*

_____

All'università del Michigan. *Come è Laura, la madre di Alessandra?*

_____

Bene. Una donna bellissima e molto simpatica. *Quanto è alta? Come è la sua faccia?*

_____

Bene, è alta un metro e 68; è rotonda. *Che espressione ha?*

_____

Sì. Sempre allegra. *È una buona cuoca? Qual è la sua specialità?*

_____

Sì. È un'ottima cuoca; i tortellini sono la sua specialità. *Dove ha conosciuto sua moglie il signor Sullivan?*

_____

Sì. Ad una festa. *Chi c'era alla festa?*

_____

Bene. Studenti italiani e americani. *Che tipo di amore è stato fra loro?*

Sì. A prima vista; un'infatuazione. *A quale cultura appartiene Robert?*

_____

Bene. A quella americana. *Quando si sono conosciuti, come parlava italiano Robert?*

_____

Sì. Male, un italiano terribile. *Perchè lui parlava italiano male?*

_____

Bene. Perchè era appena arrivato in Italia. *Laura parlava inglese?*

_____

No! Non conosceva nemmeno una parola d'inglese. *Che cosa facevano allora?*

_____

Si guardavano e sorridevano in continuazione. *Perchè Laura invitò Robert alla sua casa?*

_____

Bene. Per farlo conoscere ai suoi genitori. *Come fu l'incontro?*

_____

Sì. Incredibile. *Perchè fu incredibile?*

_____

Perchè Robert era nervoso e preoccupato. *E perchè era nervoso e preoccupato?*

_____

Perchè doveva conoscere i genitori della sua futura moglie. *Come erano i genitori di Laura?*

_____

Sì. Anche loro erano nervosi. *Da dove veniva Robert?*

_____

Sì. Dagli Stati Uniti, una terra lontana. *Lontana quanti chilometri?*

Migliaia di chilometri. *I genitori di Laura capivano Robert?*

_____

No! Non lo capivano affatto. *Perchè?*

_____

Perchè Robert parlava inglese, una lingua straniera.

Bene abbiamo finito per adesso,   arrivederci a presto con la prossima lezione.

UNIT   IV   (Unità IV)

Tape script part 1   (Registrazione della prima parte)

I signori Sullivan non vanno in Italia da alcuni anni, hanno deciso perciò di andare a passare una vacanza in Italia, portano con sè solo la figlia Anna. Alessandra e suo fratello rimangono in California. Alessandra infatti ha deciso di andare in Italia da sola fra qualche anno a visitare i nonni a Bologna. Robert e Laura Sullivan sono quasi pronti per partire, hanno preparato le valigie ed i passaporti. Hanno comprato dei regali da portare in Italia ai parenti italiani. Hanno telefonato ai loro amici e parenti americani per salutarli prima della partenza; hanno anche promesso di spedirgli molte cartoline dai luoghi che visiteranno in Italia. Alessandra li accompagna all'aeroporto di San Francisco. Sembra incredibile, ma domani saranno già in Italia. Anna che ha solo nove anni non capisce bene tutto quello che sta succedendo, sa solo che farà un lungo viaggio in aereo ed è molto contenta. Per la prima volta nella sua vita, anche lei ha un passaporto, lo tiene nella sua borsetta e ogni tanto lo ammira, lo apre e lo richiude, e si sente molto importante. I genitori le hanno comprato dei libretti illustrati per bambini che contengono informazioni varie sulla storia e cultura italiana. Anna li leggerà durante il lungo viaggio. La signora Laura durante il viaggio leggerà invece delle riviste, mentre Robert ha deciso di leggere una guida turistica e dei giornali. Tutti e tre sono un po' stanchi ma anche un po' nervosi e preoccupati per questo lungo viaggio in aereo.

Synopsis

An Italian Vacation. Alessandra's parents decided to spend their vacation in Italy. Her younger sister, Anna, is going with them, while Alessandra and her brother plan on staying in California. The Sullivans are all packed up and ready to leave. Anna is especially excited because she has her own passport for the first time. The flight to Italy is long and the Sullivans want to make it enjoyable and less boring by bringing along books, magazines, newspapers, and tourist guides.

VOCABULARY

The following vocabulary is useful in discussing traveling plans.

Nouns

l'aereo	*airplane*
l'aeroporto	*airport*
il bambino	*child*
la borsetta	*handbag*
la cartolina	*postcard*
la cultura	*culture*
il giornale	*newspaper*
la guida turistica	*tourist guide*
l'informazione	*information*
il libretto illustrato	*illustrated picture book*
il luogo	*place*
i nonni	*grandparents*
il parente	*relative*
la partenza	*departure*
il passaporto	*passport*
il regalo	*gift*
la rivista	*magazine*
la storia	*history*
la vacanza	*vacation*
la valigia	*suitcase*
il viaggio	*trip*
la vita	*life*

Verbs

(li) accompagna	*accompanies (them)*
(lo) ammira	*admires (it)*
(lo) apre	*opens (it)*
non capisce	*doesn't understand*
contengono	*contain*
farà	*will take, will make*
hanno comprato	*bought*
hanno deciso	*decided*
hanno preparato	*prepared*

hanno promesso	*promised*
hanno telefonato	*telephoned*
leggerà	*will read*
partire	*to leave*
passare	*to spend*
portare	*to take, to bring*
(lo) richiude	*closes it again*
rimangono	*stay*
sa	*knows*
salutarli	*to say good-by to them*
saranno	*will be*
sembra	*it seems*
si sente	*feels*
spedirgli	*to send to them*
sta succedendo	*is happening*
(lo) tiene	*keeps (it)*
vanno	*they go*
visiteranno	*they will visit*

Adjectives

contento	*happy*
importante	*important*
incredibile	*incredible*
loro	*their*
nervoso	*nervous*
preoccupato	*worried*
pronto	*ready*
stanco	*tired*
suo	*her*
vario	*various*

Different Expressions

alcuni	*several*
bene	*well*

22

con sè	with them
da sola	by herself
dei	some
domani	tomorrow
durante	during
fra qualche anno	in a few years
già	already
invece	instead
ma	but
ogni tanto	once in a while
perciò	therefore
per la prima volta	for the first time
quasi	almost
solo	only
tutti e tre	all three of them
tutto quello che	all that

Tape script part 2   (Registrazione della seconda parte)

Listen to the story several times then respond to the questions the best way you can: *(Ascolta la storia molte volte e poi rispondi alle domande nel miglior modo possibile)*

Ecco che parliamo dei signori Sullivan. *Chi sono i signori Sullivan?*

_____

Sì. Sono i genitori di Alessandra. *Che hanno deciso di fare?*

_____

Sì. Di andare a passare una vacanza in Italia. *Chi portano con sè?*

_____

Sì. La figlia Anna. *Chi rimane in California?*

_____

Alessandra e suo fratello. *Ricordi come si chiama il fratello di Alessandra?*

_____

Bene. Si chiama Roberto. *Che cosa ha deciso Alessandra?*

_____

Bene. Di andare da sola in Italia. *Perchè Alessandra vuole andare in Italia?*

Sì. Per visitare i nonni. *Dove abitano i nonni?*

_____

Sì. A Bologna. *Sono pronti per partire Robert e Laura Sullivan?*

_____

Sì. Sono pronti. *Che cosa hanno preparato?*

_____

Bene. Le valigie e i passaporti. *Che cosa hanno comprato?*

_____

Esattamente. Dei regali da portare in Italia. *A chi porteranno i regali?*

_____

Bene. Ai parenti italiani. *A chi hanno telefonato?*

_____

Hanno telefonato ai loro amici e parenti americani. *Perchè gli hanno telefonato?*

_____

Sì. Per salutarli prima della partenza. *Che cosa gli hanno promesso?*

_____

Sì. Di spedirgli molte cartoline. *Da dove spediranno le cartoline?*

_____

Sì. Dai luoghi che visiteranno. *E chi li accompagna all'aeroporto di San Francisco?*

_____

Sì. Alessandra, la loro figlia. *Che cosa è incredibile?*

Sì. Che domani saranno in Italia. *Come è Anna?*

_____

Bene. È molto contenta. *Quanti anni ha Anna?*

_____

Sì. Ha solo nove anni. *Che cosa sa?*

_____

Bene. Che farà un lungo viaggio in aereo. *Che cosa ha per la prima volta nella sua vita?*

_____

Sì. Un passaporto. *Dove lo tiene il passaporto e che cosa fa con il passaporto?*

_____

Bene. Lo tiene nella sua borsetta, lo ammira, lo apre e lo richiude. *Come si sente?*

_____

Benissimo. Si sente molto importante. *Che cosa le hanno comprato i genitori?*

Dei libretti illustrati per bambini. *Che cosa contengono questi libretti?*

_____

Bene. Contengono informazioni sulla storia e cultura italiana. *Quando li leggerà Anna?*

_____

Sì. Li leggerà durante il lungo viaggio. *Che leggerà la signora Laura durante il viaggio?*

_____

Sì. Leggerà delle riviste. *Che cosa ha deciso di leggere Robert Sullivan?*

_____

Sì. Lui ha deciso di leggere una guida turistica e dei giornali. *Come sono i tre viaggiatori?*

_____

Sono un po' stanchi. *Sono solo un po' stanchi?*

_____

No. Sono anche un po' nervosi e preoccupati. *Perchè sono un po' nervosi e preoccupati*

_____

Sì. Sono nervosi e preoccupati per il lungo viaggio in aereo.

Bene abbiamo finito per adesso, arrivederci a presto con la prossima lezione.

UNIT V   (Unità V)

Tape script part 1   (Registrazione della prima parte)

L'aereo, un Boeing 747 dell'Alitalia, la compagnia italiana ben conosciuta in tutto il mondo, è partito dall'aeroporto internazionale di San Francisco. Il volo diretto a Milano, e che ha poi continuato per Roma, è durato più di undici ore. Anna si è seduta vicino al finestrino, e durante il viaggio si è comportata benissimo, ha fatto molte domande ai suoi genitori, ed ha letto tutti i giornaletti. L'aereo ha sorvolato gli Stati Uniti e parte del Canada, ha attraversato l'oceano Atlantico e ha poi sorvolato le Alpi ancora coperte di neve. Uno spettacolo bellissimo che la famiglia Sullivan ha potuto guardare a bocca aperta dal finestrino. Dopo essere atterrato a Milano, l'aereo è ripartito per Roma, diretto all'aeroporto internazionale Leonardo da Vinci, chiamato anche Fiumicino. Fiumicino infatti è il nome del piccolo paese dove si trova l'aeroporto. Prima di arrivare a Fiumicino l'aereo ha sorvolato le verdi colline che circondano la città. Finalmente l'aereo è atterrato, la hostess ha salutato i passeggeri che sono scesi dall'aereo e si sono diretti verso gli uffici dell'aeroporto. La famiglia Sullivan ha mostrato i passaporti ad un agente della polizia di Stato, poi i Sullivan hanno preso le valigie e si sono avviati alla dogana per l'ispezione doganale. Hanno passato la dogana senza alcuna difficoltà e dopo l'ispezione si sono avviati nell'atrio dell'aeroporto che era pieno di gente e di rumore. Il signor Sullivan, seguito dalla moglie e dalla figlia Anna, si è poi diretto all "Ufficio Cambio" dove ha cambiato 500 dollari in Euro, la nuova unità monetaria europea.

Synopsis

The Flight and the Arrival. The Sullivans were flying on Alitalia's Boeing 747. It was a direct flight to Milan, which proceeded to Rome. They were in the air more than eleven hours. Anna had a window seat and entertained herself during the long trip. When the plane reached Europe, the Sullivans were able to see the Alps. They landed at the international airport in Rome called Leonardo da Vinci or Fiumicino. After having passed the passport control and customs, the family went to the Exchange Office and changed $500 for the Euro, the new European currency.

VOCABULARY

The following terms are helpful when talking bout the arrival to a foreign country.

Nouns

l'agente della polizia di Stato	*State police officer*
l'atrio	*entrance hall*
la compagnia	*company*
la difficoltà	*difficulty*
la dogana	*customs*
l'Euro	*the united Europe currency*
il finestrino	*little window*
la gente	*people*
il giornaletto	*childrens' newspaper*
l'ispezione doganale	*customs*

il mondo	*world*
la neve	*snow*
il nome	*name*
il paese	*village*
il passeggero	*traveler*
il rumore	*noise*
l'ufficio	*office*
l'unità monetaria	*currency*
il volo	*flight*

Verbs

chiamato	*called*
circondano	*surround*
dopo essere atterato	*after having landed*
è durato	*lasted*
è ripartito	*departed*
ha cambiato	*changed*
ha continuato	*continued*
ha fatto domande	*asked questions*
ha letto	*read*
ha mostrato	*showed*
hanno passato	*passed*
ha potuto guardare	*could watch*
ha salutato	*greeted*
ha sorvolato	*flew over*
seguito	*followed*
si è comportata	*behaved*
si è seduta	*sat*
si sono avviati	*proceeded*
si sono diretti	*headed*
si trova	*is located*
sono scesi	*descended*

Adjectives

conosciuto	*known*
coperto	*covered*
diretto	*direct*
europeo	*European*
internazionale	*international*
verde	*green*

Different Expressions

alcuna	*any*
a bocca aperta	*gaping at*
ancora	*still*
ben(e)	*well*
benissimo	*very well*
dopo	*after*
pieno di	*full of*
poi	*then*
undici	*eleven*
verso	*toward*

Tape script part 2   (Registrazione della seconda parte)

Listen to the story several times then respond to the questions the best way you can: *(Ascolta la storia molte volte e poi rispondi alle domande nel miglior modo possibile)*

Ecco che parliamo di nuovo dei signori Sullivan. *Con quale aereo sono partiti?*

_____

Sì. Con un Boeing 747 dell'Alitalia. *Che cosa è l'Alitalia?*

_____

Sì. Una compagnia aerea italiana. *Sai cosa significa Alitalia?*

_____

Alitalia significa "Le ali dell'Italia." (The wings of Italy) *Da dove è partita la famiglia Sullivan?*

Sì. Dall'aeroporto internazionale di San Francisco. *Quanto è durato il volo?*

_____

Bene. È durato più di undici ore. *Dove era seduta Anna?*

_____

Bene. Anna era seduta vicino al finestrino. *Come si è comportata durante il viaggio?*

_____

Sì. Si è comportata benissimo. *Che cosa ha fatto?*

_____

Sì. Ha fatto molte domande ai genitori e ha letto tutti i giornaletti. *Che ha sorvolato l'aereo?*

_____

Sì. Gli Stati Uniti e parte del Canada. *Quale oceano ha attraversato l'aereo?*

_____

Bene. L'oceano Atlantico. *Come erano le Alpi?*

_____

Esattamente. Coperte di neve. *Come era lo spettacolo?*

_____

Bene. Bellissimo. *Da dove guardava lo spettacolo la famiglia Sullivan?*

_____

Sì. Dal finestrino dell'aereo. *Che cosa significa "guardare a bocca aperta"?*

_____

Sì. Guardare con sorpresa, con meraviglia, incanto. *In quale città è atterrato l'aereo?*

_____

Sì. A Milano. *E poi per dove è partito l'aereo?*

_____

Sì. È partito per Roma. *E dove è atterrato?*

_____

Sì. All'aeroporto internazionale Leonardo da Vinci. *Chi era Leonardo da Vinci?*

_____

Sì. Un famoso scienziato e artista italiano. *Che cosa è Fiumicino?*

_____

È il nome del paese dove si trova l'aeroporto di Roma. *Che ha sorvolato l'areo?*

_____

Sì. Le verdi colline che circondano Roma. *Che cosa ha fatto la hostess?*

_____

Bene. Ha salutato i passeggeri. *Dove si sono diretti i passeggeri?*

Sì. Verso gli uffici dell'aeroporto. *Che cosa ha mostrato la famiglia Sullivan?*

_____

Bene. Ha mostrato i passaporti. *A chi li ha mostrati?*

_____

Benissimo. Ad un agente della polizia di Stato. *Poi che hanno fatto i signori Sullivan?*

_____

Hanno preso le valigie e si sono avviati alla dogana. *Perchè si sono avviati alla dogana?*

_____

Bene. Per passare l'ispezione doganale. *Hanno avuto difficoltà con la dogana?*

_____

No, non hanno avuto alcuna difficoltà. *Dopo l'ispezione dove sono andati?*

_____

Si sono avviati nell'atrio dell'aeroporto. *Come era l'atrio dell'aeroporto?*

_____

Era pieno di gente e di rumore. *Dove è andato il signor Sullivan poi?*

_____

È andato all'Ufficio Cambio. *Da chi era seguito?*

Dalla moglie e dalla figlia Anna. *Perchè il signor Sullivan è andato all'Ufficio Cambio?*

_____

Sì. Per cambiare 500 dollari in Euro. *Che cosa è l'Euro?*

_____

Sì. È l'unità monetaria usata nella comunità europea.

Bene abbiamo finito per adesso, arrivederci a presto con la prossima lezione.

_____

UNIT VI   (Unità VI)

Tape script part 1   (Registrazione della prima parte)

Dopo aver cambiato in Euro 500 dollari per le prime necessità, il signor Sullivan è andato in una cabina telefonica insieme alla moglie ed alla figlia per telefonare negli Stati Uniti.

Vogliono informare Alessandra e Roberto e dirgli che sono finalmente arrivati in Italia e che il viaggio è stato bellissimo. Poichè ci sono nove ore di differenza tra l'Italia e la California, la loro telefonata ha un po' sorpreso Alessandra che ancora dormiva. Alessandra è rimasta comunque molto contenta nel sentire la voce dei genitori. Un treno in circa 35 minuti collega l'aeroporto di Fiumicino alla stazione Termini che è al centro di Roma. I signori Sullivan sono andati quindi a comprare i biglietti per il treno che li porterà alla stazione Termini, una delle stazioni ferroviarie più belle e grandi del mondo. Così dopo pochi minuti i Sullivan sono con tutte le loro valigie sul treno pieno di viaggiatori, e pronti per il breve viaggio che li porta nel cuore della città eterna. Anna è molto curiosa, molti viaggiatori parlano inglese, ma la maggior parte parla italiano. Dai finestrini del treno guarda e vede gli antichi acquedotti romani che appaiono ai suoi occhi come una serie di ponti e archi in rovina; poi vede le prime case e palazzi, le strade che sono piene di macchine che vanno in tutte le direzioni. Finalmente dopo poco più di mezz'ora il treno arriva alla stazione Termini e tutti i passeggeri prendono le loro valigie e scendono. Anna non aveva mai visto tanta gente. Non sapeva che gli italiani viaggiano molto in treno. C'era una grande confusione, con decine di treni che arrivavano e partivano, uno spettacolo indimenticabile, una stazione affollata con migliaia di persone che parlavano lingue diverse, sembrava la torre di Babele. La famiglia Sullivan esce dalla stazione Termini e si avvia subito in un'area dove ci sono molti tassì in sosta. Prendono un tassì per andare in un albergo vicino al Colosseo.

Synopsis

A Train Ride to Rome. Alessandra's parents and her sister called from Italy to let her know that they had arrived. The time difference between Italy and California is nine hours and Alessandra was still sleeping when they telephoned. The Sullivans took a train to one of the largest and most beautiful train stations in the world called Termini. This train station is situated in the center of Rome. On the way to Rome, Anna noticed people of different nationalities and she enjoyed the scenery they were passing by. She was surprised by the fact that many Italians travel by train. After their arrival to the city, the Sullivans took a taxi to their hotel near the Colosseum.

VOCABULARY

The following terms refer to cultural differences that exist between Italy and the United States in regard to people's interaction and to means of transportation.

Nouns

l'acquedotto	*aqueduct*
l'albergo	*hotel*
l'arco	*arch*
l'area	*area*
la cabina telefonica	*telephone booth*
la confusione	*confusion*
il cuore	*heart*
la differenza	*difference*
la direzione	*direction*
la maggior parte	*majority*
il minuto	*minute*
la necessità	*necessity*
il palazzo	*building*
la persona	*person*
la rovina	*ruin*
il sentire	*hearing*
la serie	*series*
la stazione ferroviaria	*train station*
il tassì	*taxi*
la telefonata	*telephone call*
la torre di Babele	*the tower of Babel*
il viaggiatore	*traveler*
la voce	*voice*

Verbs

appaiono	*appear*
ci sono	*there are*
collega	*connects*
dirgli	*to tell them*
dormiva	*was sleeping*
è rimasta	*was, remained*
esce	*exits*
è stato	*was, has been*

guarda	*watches*
ha sorpreso	*surprised*
informare	*to inform*
partirà	*will leave*
non sapeva	*didn't know*
scendono	*descend*
vede	*sees*
vogliono	*want*

Adjectives

affollato	*crowded*
antico	*old*
breve	*short*
eterno	*eternal*
indimenticabile	*unforgettable*
primo	*first*
romano	*Roman*

Different Expressions

al centro	*in the center*
comunque	*however*
decine di treni	*tens of trains*
dopo poco	*after a while*
finalmente	*finally*
in circa	*in about*
insieme	*together*
in sosta	*in waiting*
mezz'ora	*half an hour*
poichè	*since*
quindi	*then*

Tape script part 2   (Registrazione della seconda parte)

Listen to the story several times then respond to the questions the best way you can: *(Ascolta la storia molte volte e poi rispondi alle domande nel miglior modo possibile)*

I Sullivan sono all'aeroporto di Fiumicino. *Quanti dollari ha cambiato il signor Sullivan?*

_____

Sì. Ha cambiato 500 dollari. *Perchè i Sullivan sono andati in una cabina telefonica?*

_____

Sì. Per telefonare negli Stati Uniti. *A chi vogliono telefonare?*

_____

Bene. Ai figli Alessandra e Roberto. *Che cosa vogliono dirgli?*

_____

Sì. Che il viaggio è stato bellissimo. *Quante ore di differenza ci sono tra l'Italia e la California?*

_____

Bene. Nove ore. *Perchè la telefonata ha sorpreso Alessandra?*

_____

Bene. Perchè Alessandra ancora dormiva. *Perchè Alessandra è rimasta contenta?*

_____

Sì. Perchè ha sentito la voce dei genitori. *Quanto tempo ci vuole per andare in treno dall'aeroporto Leonardo da Vinci alla stazione Termini?*

_____

Sì. Ci vogliono circa 35 minuti. *Dove è la stazione Termini?*

_____

Sì. Al centro di Roma. *Che cosa hanno comprato i Sullivan?*

_____

Bene. Hanno comprato i biglietti per il treno. *Come è la stazione Termini?*

_____

Una delle stazioni ferroviarie più belle e grandi del mondo. *Come è il treno che li porta alla stazione?*

_____

Bene. È pieno di viaggiatori. *Che cosa portano con loro i Sullivan?*

_____

Sì. Tutte le loro valigie. *E il treno dove li porta?*

Sì. Nel cuore della città eterna. *Come è Anna?*

_____

Sì. Molto curiosa. *Che cosa vede dai finestrini del treno?*

_____

Sì. Gli antichi acquedotti romani. *Come appaiono gli acquedotti ai suoi occhi?*

_____

Sì. Una serie di ponti e archi in rovina. *Che altro vede Anna?*

_____

Sì. Case, palazzi e strade piene di macchine. *Che fanno i passeggeri quando arrivano alla stazione?*

_____

Sì. Prendono le loro valigie e scendono dal treno. *Che cosa non sapeva Anna?*

_____

Sì. Che gli italiani viaggiano molto in treno. *Che cosa c'era nella stazione?*

_____

Bene. Una grande confusione. *E come era la stazione?*

_____

Sì. Affollata di persone. *Che cosa sembrava?*

Bene. La torre di Babele. *Che cosa fa la famiglia Sullivan?*

_____

Benissimo. Esce dalla stazione. *E dove si avvia?*

In un'area dove ci sono tassì in sosta. *Perchè prendono un tassì?*

_____

Bene. Per andare in un albergo. *Dove è l'albergo?*

_____

Sì. Vicino al Colosseo.

Bene abbiamo finito per adesso, arrivederci a presto con la prossima lezione.

_____

UNIT VII (Unità VII)

Tape script part 1 (Registrazione della prima parte)

Alessandra sente molto la mancanza dei suoi genitori e specialmente della sorella Anna. Certo Roberto è un fratello bravissimo e parla con Alessandra del più e del meno; si fanno compagnia e spesso escono insieme. Comunque loro hanno interessi diversi. Roberto ascolta la sua musica preferita, musica moderna e rock and roll, e tutta quella musica forte che disturba gli orecchi di Alessandra. Alessandra preferisce la musica classica e spesso ascolta 'Romanza' di Andrea Bocelli, un CD molto conosciuto in America e in Italia. Ad Alessandra piacciono anche le "Arie" cantate da Pavarotti. Ieri Alessandra ha deciso di uscire, di andare a fare le spese, ma non voleva uscire sola, ha quindi telefonato alla sua amica Amy, una studentessa dell'università di San Francisco. Alessandra vuole andare in un negozio di abbigliamento per comprare una gonna. Ad Alessandra come pure ad Amy piace molto andare a fare le spese. Le due ragazze si sono incontrate alla casa di Alessandra a San Francisco e poi con la macchina sono andate in un negozio di abbigliamento femminile. Alla vetrina del negozio c'erano molti capi di abbigliamento in mostra, c'erano: vestiti, camice, gonne, cappelli, pantaloni, giacche, magliette ecc... Alessandra ha scelto una gonna nera di cotone che era in vetrina. La commessa le ha chiesto che taglia portava e Alessandra ha detto taglia 42. Alessandra ha preso la gonna ed è andata nel camerino a provarla. È uscita e davanti allo specchio si è vista molto elegante. Amy le ha detto che la gonna era bellissima e che le stava molto bene. Alessandra ha comprato la gonna e ha pagato con la carta di credito. Anche Amy ha deciso di comprare una camicetta, ha provato una camicetta di seta bianca ma era troppo stretta, quindi ha preso una misura più grande ma era troppo larga, alla fine ha deciso di non comprare niente.

Synopsis

Going Shopping. Alessandra misses her parents and especially her sister. She spends time with her brother Robert but they don't share the same interests. He likes loud music while she prefers classical music. One day she invited her good friend Amy to go shopping with her. They went to a store that carried women's fashion, and Alessandra bought an elegant skirt. Amy, on the other hand, was not as lucky. The blouse that she tried on did not fit her well and she decided not to buy it.

VOCABULARY

The following vocabulary is useful when going shopping for some clothes.

Nouns

l'abbigliamento	*clothes*
il camerino	*dressing room*
la camicetta	*blouse*
la carta di credito	*credit card*
il cappello	*hat*
il capo	*garment*
il cotone	*cotton*
la giacca	*jacket*
la gonna	*skirt*
l'interesse	*interest*
la maglietta	*t-shirt*
la mancanza	*lack*
la misura	*size*
la musica	*music*
il negozio	*store*
l'orecchio	*ear*
i pantaloni	*trousers*
la seta	*silk*
lo specchio	*mirror*
la taglia	*size*
il vestito	*dress*
la vetrina	*display window*

Verbs

ascolta	*listens*
cantate	*sung*
disturba	*disturbs*
fare le spese	*to shop, to go shopping*
farsi compagnia	*to keep company*
ha chiesto	*asked*

ha detto	*said*
ha pagato	*paid*
ha scelto	*chose*
piace	*likes*
piacciono	*like*
preferisce	*prefers*
sente	*feels*
si sono incontrate	*met*
si è vista	*saw herself*
(le) stava bene	*looked good on her*

Adjectives

bianco	*white*
bravissimo	*very good*
classico	*classical*
conosciuto	*known*
diverso	*different*
elegante	*elegant*
femminile	*womens'*
forte	*loud*
largo	*large, big*
moderno	*modern*
nero	*black*
preferito	*preferred*
stretto	*tight*

Different Expressions

alla fine	*at the end*
davanti	*in front of*
del più e del meno	*to talk about this and that*
ieri	*yesterday*
in mostra	*visible, shown*
niente	*nothing*
pure	*also*

specialmente	*especially*
spesso	*often*
troppo	*too much*

Tape script part 2   (Registrazione della seconda parte)

Listen to the story several times then respond to the questions the best way you can: *(Ascolta la storia molte volte e poi rispondi alle domande nel miglior modo possibile)*

Bene. Continuiamo a parlare di Alessandra. *Che cosa sente Alessandra?*

_____

Sì. La mancanza dei suoi genitori e della sorella Anna. *Come è Roberto?*

_____

Sì. Un fratello bravissimo. *Che fanno loro due?*

_____

Sì. Parlano del più e del meno, si fanno compagnia e escono insieme. *Che ascolta Roberto?*

_____

Musica moderna, rock and roll, musica forte. *Che cosa disturba la musica forte?*

_____

Bene. Gli orecchi di Alessandra. *Quale musica preferisce Alessandra?*

_____

Bene. Musica classica. *E che altro ascolta?*

_____

Sì. 'Romanza' di Andrea Bocelli. *E che cosa altro piace ad Alessandra?*

_____

Sì. Le piacciono le "Arie" cantate da Pavarotti. *Che cosa ha deciso ieri Alessandra?*

_____

Bene. Di andare a fare le spese. *A chi ha telefonato?*

_____

Bene. Alla sua amica Amy. *Chi è Amy?*

_____

Sì. Una studentessa dell'università di San Francisco. *Dove vuole andare Alessandra?*

_____

Sì. In un negozio di abbigliamento. *Perchè vuole andare in un negozio di abbigliamento?*

Sì. Per comprare una gonna. *Che cosa piace fare ad Alessandra ed a Amy?*

_____

Bene. Andare a fare le spese. *Dove si sono incontrate?*

_____

Sì. Alla casa di Alessandra. *Come sono andate nel negozio?*

_____

Bene. Con la macchina. *In che tipo di negozio sono andate?*

_____

Sì. Un negozio di abbigliamento femminile. *Che cosa era in mostra alla vetrina?*

_____

Sì. C'erano vestiti, camice, gonne, cappelli, pantaloni, giacche, magliette. *Che cosa ha scelto Alessandra?*

_____

Sì. Una gonna nera di cotone. *Che taglia porta Alessandra?*

_____

Bene. Taglia 42. *E lei che taglia porta?*

_____

Benissimo. *Che ha fatto poi Alessandra?*

_____

Sì. È andata nel camerino a provare la gonna. *Come si è vista davanti allo specchio?*

_____

Bene. Si è vista molto elegante. *Che cosa le ha detto Amy?*

_____

Sì. Che la gonna era bellissima e le stava molto bene. *Ha comprato la gonna Alessandra?*

_____

Sì. Ha comprato la gonna. *E come ha pagato?*

_____

Bene. Con la carta di credito. *Che cosa ha deciso di comprare Amy?*

_____

Benissimo. Ha deciso di comprare una camicetta. *Che cosa ha provato?*

_____

Sì. Ha provato una camicetta di seta. *Di che colore era la camicetta?*

_____

Bene. Bianca. *Come le stava la camicetta?*

_____

Sì. Era troppo stretta. *Allora che cosa ha preso?*

Sì. Una misura più grande. *Come le stava?*

_____

Era troppo larga. *Che cosa ha deciso Amy alla fine?*

_____

Sì. Ha deciso di non comprare niente.

Bene abbiamo finito per adesso,   arrivederci a presto con la prossima lezione.

_____

UNIT   VIII   (Unità VIII)

Tape script part 1   (Registrazione della prima parte)

Alessandra come molte ragazze, sue coetanee, è ammirata e corteggiata da molti ragazzi della sua stessa età. Certo questi corteggiamenti, diventano raramente relazioni serie, ma comportano sempre qualche impegno, e non mancano disillusioni. Alessandra non è completamente soddisfatta della sua vita. Ma come tutti sanno, contrariamente a quanto si crede, i giovani non hanno sempre una vita facile; a questa età, a volte la gioventù si sente depressa, scoraggiata e stanca della vita, mentre altre volte si sente completamente in controllo e padrona di sè stessa e orgogliosa della propria individualità. Alessandra è in un periodo di transizione ed è alla ricerca di nuove scoperte; lei è assetata di crescere e diventare una vera adulta. Alessandra è una ragazza romantica, e il suo stato mentale cambia frequentemente, un raggio di sole tra i rami di un albero durante un bel tramonto, le può dare angoscia o la sensazione del passaggio del tempo.   Come tutte le ragazze e i ragazzi della sua età, Alessandra è alla ricerca di nuove esperienze, vuole crescere e non sprecare il tempo. Alessandra ha sempre frequentato ragazzi più grandi di lei.   All'età di sedici anni usciva con un ragazzo di ventitrè e all'età di diciotto con un ragazzo di venticinque anni. Sotto queste esperienze c'era sempre una battaglia per controllare i suoi istinti, ma in effetti lei rimaneva sempre una ragazzina timida in pubblico, e sempre alla ricerca di capire ogni sua debolezza reale o immaginaria, per superarla. Una volta Alessandra si è anche innamorata, ha preso una cotta per un ragazzo simpatico, alto ed intelligente, dai capelli scuri e dagli occhi neri come il carbone.

Synopsis

Love Life. Alessandra, like many other girls her age, dates different young men. They are not serious relationships, nevertheless, they are emotional. Most of the time she is happy with her life, but sometimes she finds her transitional age from adolescence into adulthood confusing. Alessandra is very romantic. She usually dates guys a few years her senior. One time she fell madly in love with one of them.

VOCABULARY

The following terms are useful when talking about young people's feelings

Nouns

l'adulta	*adult*
l'albero	*tree*
l'angoscia	*anguish*
la battaglia	*battle*
il carbone	*coal, charcoal*
la coetanea	*(of) the same age*
il corteggiamento	*courtship*
la debolezza	*weakness*
la disillusione	*disillusion*
l'età	*age*
l'esperienza	*experience*
i giovani	*young people*
la gioventù	*youth*
l'impegno	*involvement*
l'individualità	*individuality*
l'istinto	*instinct*
il padrone	*boss*
il passaggio	*passage*
il periodo	*period*
la ragazzina	*little girl*
il raggio	*ray*
il ramo	*branch*

la relazione	relationship
la scoperta	discovery
la sensazione	sensation
il sole	sun
lo stato mentale	mental state
il tempo	time
il tramonto	sunset
la transizione	transition
la vita	life

Verbs

cambia	changes
capire	to understand
comportano	call for, require
controllare	to control
crescere	to grow
dare	to give
diventano	become
è ammirata	is admired
è corteggiata	is courted
frequentare	to date
ha preso una cotta	got a crush
mancano	lack
per superarla	to overcome it
può	can
rimanere	to remain
si sente	feels
si è innamorata	fell in love
sprecare	to waste
vuole	wants

Adjectives

| assetato | thirsty |
| depresso | depressed |

facile	*easy*
immaginario	*imaginary*
nero	*black*
nuovo	*new*
orgoglioso	*proud*
platonico	*platonic*
reale	*real, true*
romantico	*romantic*
scoraggiato	*discouraged*
scuro	*dark*
soddisfatto	*satisfied*
stanco	*tired*
stesso	*same*
timido	*timid*
vero	*true*

Different Expressions

a quanto si crede	*as one believes*
alla ricerca	*in search*
a volte	*sometimes*
altre volte	*other times*
certo	*certainly*
completamente	*completely*
contrariamente	*contrary*
diciotto	*eighteen*
durante	*during*
frequentemente	*frequently*
in effetti	*in effect*
in pubblico	*publicly*
mentre	*while*
ogni	*every*
proprio	*one's own*
raramente	*rarely*
qualche	*some, a few*
sedici	*sixteen*

sè stessa	*herself*
tra	*between*
tutti	*everyone*
venticinque	*twenty five*
ventitrè	*twenty three*

Tape script part 2   (Registrazione della seconda parte)

Listen to the story several times then respond to the questions the best way you can: *(Ascolta la storia molte volte e poi rispondi alle domande nel miglior modo possibile)*

Bene. Continuiamo a parlare di Alessandra. *Da chi è ammirata e corteggiata Alessandra?*

_____

Sì. Da molti ragazzi della sua stessa età. *Come sono questi corteggiamenti?*

_____

Sì. Non sono mai relazioni serie. *Comportano impegno?*

_____

Sì. Comportano qualche impegno. *Alessandra è soddisfatta della sua vita?*

_____

No! Non è completamente soddisfatta della sua vita. *Come è la vita dei giovani?*

_____

Non è una vita facile. *Come si sentono a volte i ragazzi e le ragazze a questa età?*

_____

Depressi, scoraggiati e stanchi della vita. *E altre volte come si sentono?*

_____

Sì. Completamente in controllo. *E anche.....*

_____

Padroni di sè stessi, e orgogliosi della propria individualità. *In che periodo è Alessandra?*

_____

Bene. Lei è in un periodo di transizione. *È alla ricerca di che cosa?*

_____

Esattamente. Di nuove scoperte. *Che cosa vuole?*

_____

Bene. Vuole crescere e diventare adulta. *Come è Alessandra?*

Sì. Una ragazza romantica. *E tu sei romantica /o come Alessandra?*

_____

Bene. *Come è lo stato mentale di Alessandra?*

_____

Sì. Cambia sempre. *Anche il tuo stato mentale cambia sempre?*

_____

Bene. *Che cosa può dare un po' di angoscia a Alessandra?*

_____

Sì. Un raggio di sole durante un bel tramonto. *E che altro le può dare un raggio di sole?*

_____

Sì. La sensazione del passaggio del tempo. *Perchè è alla ricerca di nuove esperienze Alessandra?*

_____

Bene. Per diventare adulta, crescere e non sprecare il tempo. *Come sono i ragazzi che ha frequentato Alessandra?*

_____

Sì. Più grandi di lei. *E i ragazzi / le ragazze che hai frequentato tu come sono?*

_____

Bene. *Con chi usciva Alessandra all'età di 16 anni?*

_____

Sì. Con un ragazzo di 23 anni. *E all'età di diciotto?*

_____

Bene. Con un ragazzo di 25 anni. *E tu con chi uscivi all'età di 16 e all'età di 18 anni?*

_____

Benissimo. *Che cosa cercava di fare Alessandra?*

_____

Bene. Cercava di controllare i suoi istinti. *In effetti come rimaneva Alessandra?*

_____

Sì. Una ragazzina. *Era timida?*

_____

Sì. Un po' timida in pubblico. *E tu sei timida/o?*

_____

Bene. *Che cosa cercava di capire Alessandra?*

Sì. Ogni sua debolezza. *E perchè?*

_____

Sì. Per superarla. *Si è mai innamorata Alessandra?*

_____

Sì, una volta ha preso una cotta. *Ha preso una cotta per chi?*

_____

Bene. Per un ragazzo simpatico ed intelligente. *Che cosa significa prendere una cotta?*

_____

Bene. Innamorarsi follemente di una persona. *Tu hai mai preso una cotta?*

_____

Bene. *Per chi?*

_____

Bene. Ritorniamo ad Alessandra. *Puoi descrivere il ragazzo di cui si è innamorata?*

_____

Sì. È alto, ha capelli scuri e occhi neri come il carbone.

Bene abbiamo finito per adesso, arrivederci a presto con la prossima lezione.

_____

UNIT IX   (Unità IX)

Tape script part 1   (Registrazione della prima parte)

Un giorno, una mattina presto di primavera, un ragazzo ha bussato alla porta dell'appartamento di Alessandra. Alessandra ancora dormiva, poi si è svegliata e ha aperto la porta e un ragazzo si è presentato con un bel mazzo di rose rosse. Era uno studente di giurisprudenza che conosceva da un po' di tempo. Questo ragazzo era innamorato di Alessandra e l'aveva convinta ad andare con lui a fare paracadutismo in caduta libera. Alessandra aveva paura, in più non voleva uscire con lui perché non era proprio il suo tipo. Ma Alessandra era anche un po' ossessionata da questa attività sportiva molto popolare negli Stati Uniti. Alla fine Alessandra ha accettato di fare questi lanci. Si trattava anche di dimostrare a questo corteggiatore che non aveva paura. Una mattina con il suo corteggiatore ed un altro amico si sono avviati all'aeroporto per fare il lancio. Certo il viaggio in macchina è stato difficile, Alessandra era molto ansiosa, ma non poteva tirarsi indietro. L'aereo è salito ad una quota di circa 5 mila metri ed Alessandra ha avuto un po' di paura quando la porta dell'aereo si è aperta e il vento le sfiorava il viso. È stata una caduta libera di circa un minuto e poi si è aperto il paracadute. Durante la caduta, Alessandra ha provato una sensazione incredibile, quasi una perdita completa della dimensione terrestre. Finalmente si sentiva libera cadendo nel cielo velocemente. Vedeva l'orizzonte ed una vastità senza limiti di esplorazione. Ha raggiunto la terra piangendo. Ma questa esperienza con un ragazzo che le piaceva ben poco, aveva limitato la sua gioia di essere libera. Dopo questa esperienza non solo si era liberata dell'ossessione del lancio, ma anche del corteggiatore.

Synopsis

An Incredible Experience. One spring morning a young man with a bouquet of red roses knocked on Alessandra's door. He was one of her admirers who invited her to join him in a very popular sport in the United States -sky diving-. She didn't like her suitor but agreed to try the parachuting. On her way to the airport she was accompanied by her friend and her admirer. In the car Alessandra was anxious but she couldn't back out. Fighting her fear she launched herself into limitless space when the door of the airplane opened. This was an incredible experience. After that day she freed herself from her obsession with parachuting and from her admirer.

VOCABULARY

The following vocabulary is useful when discussing various emotions.

Nouns

l'attività	*activity*
la caduta	*fall*
il cielo	*sky*
il corteggiatore	*admirer*

la dimensione	*dimension*
l'esplorazione	*exploration*
la gioa	*happiness*
la giurisprudenza	*law*
il limite	*limit*
la mattina	*morning*
il mazzo di fiori	*bouquet of flowers*
l'orizzonte	*horizon*
il paracadute	*parachute*
la perdita	*loss*
la quota	*altitude*
la sensazione	*sensation*
la terra	*earth*
il tipo	*type*
il vento	*wind*
il viso	*face*

Verbs

l'aveva convinta	*had convinced her*
aveva limitato	*had limited*
aveva paura	*was afraid*
conosceva	*knew*
dimostrare	*to show*
è salito	*climbed*
era innamorato	*was in love*
fare dei lanci	*parachuting*
ha accettato	*accepted*
ha aperto	*opened*
ha bussato	*knocked*
ha provato	*experienced*
ha raggiunto	*reached*
piangendo	*crying*
sfiorava	*brushed against*
si era liberata	*had freed herself*

si è presentato	*appeared*
si è svegliata	*woke up*
si trattava	*it was a question of*
tirarsi indietro	*to back out*
vedeva	*saw*

Adjectives

ansioso	*anxious*
completo	*complete*
libero	*free*
ossessionato	*obsessed*
popolare	*popular*
rosso	*red*
sportivo	*sporty*
terrestre	*terrestrial*

Different Expressions

circa	*about*
in più	*in addition*
paracadutismo in caduta libera	sky diving
proprio	*really*
presto	*early*
senza	*without*
velocemente	*fast*

Tape script part 2   (Registrazione della seconda parte)

Listen to the story several times then respond to the questions the best way you can: *(Ascolta la storia molte volte e poi rispondi alle domande nel miglior modo possibile)*

Bene. Ritorniamo ad Alessandra. *Chi ha bussato all'appartamento di Alessandra?*

Sì. Un ragazzo. *Quando ha bussato?*

_____

Una mattina presto di primavera. *Che faceva Alessandra?*

_____

Sì. Dormiva. *Che cosa aveva il ragazzo?*

_____

Un bel mazzo di rose rosse. *Chi era questo ragazzo?*

_____

Bene. Uno studente di giurisprudenza. *Da quanto tempo lo conosceva?*

_____

Bene. Da un po' di tempo. *Di chi era innamorato questo ragazzo?*

_____

Sì. Era innamorato di Alessandra. *Dove voleva andare questo ragazzo?*

_____

Sì. A fare paracadutismo in caduta libera. *Aveva paura Alessandra? Voleva uscire con lui?*

_____

Aveva paura e non voleva uscire con lui. *Perchè non voleva uscire con lui?*

_____

Bene. Non le piaceva, non era il suo tipo. *Dove è popolare questa attività sportiva?*

_____

Esattamente. Negli Stati Uniti. *Ha accettato Alessandra?*

_____

Bene. Ha accettato. *Perchè ha accettato?*

_____

Per dimostrare che non aveva paura. *A chi voleva dimostrare che non aveva paura?*

_____

Sì. Al suo corteggiatore. *Con chi è andata all'aeroporto Alessandra?*

_____

Sì. Con il suo corteggiatore e con un altro amico. *Perchè si sono avviati all'aeroporto?*

_____

Sì. Per fare il lancio. *E come è stato il viaggio in macchina?*

_____

Sì. È stato difficile. *Come era Alessandra?*

_____

Sì. Molto ansiosa. *Poteva tirarsi indietro?*

Bene. Non poteva tirarsi indietro. *A che quota è salito l'aereo?*

_____

Sì. A cinque mila metri. *Quando ha avuto paura Alessandra?*

_____

Bene. Quando la porta dell'aereo si è aperta. *Che cosa le sfiorava il vento?*

_____

Sì. Il vento le sfiorava il viso. *Quando si è aperto il paracadute?*

_____

Bene. Dopo una caduta di circa un minuto. *Che ha provato Alessandra durante la caduta?*

_____

Benissimo. Un'esperienza incredibile. *Perchè è stata un'esperienza incredibile?*

_____

È stata una perdita della dimensione terrestre. *Come si sentiva cadendo nel cielo?*

_____

Bene. Si sentiva libera. *E come cadeva nel cielo?*

_____

Bene. Velocemente. *Che cosa vedeva?*

_____

Sì. L'orizzonte ed una vastità senza limiti. *Come ha raggiunto la terra?*

_____

Bene. Piangendo. *Perchè questa esperienza aveva limitato la sua gioia?*

_____

Perchè il corteggiatore non le piaceva. *Voleva essere libera Alessandra?*

_____

Sì. Voleva essere libera. *Che cosa è successo dopo questa esperienza?*

_____

Sì. Alessandra si è liberata. *Di chi si è liberata?*

_____

Bene. Del corteggiatore e dell'ossessione del lancio.

Bene abbiamo finito per adesso, arrivederci a presto con la prossima lezione.

UNIT   X   (Unità X)

Tape script part 1   (Registrazione della prima parte)

Ieri Alessandra ha ricevuto una lettera dall'Italia, era sua nonna la quale le diceva che non vedeva l'ora di vederla. La visita dei suoi genitori e della sorella Anna era stata per i nonni la cosa più bella che potesse accadere. Ma qualcosa mancava alla famiglia, mancavano Alessandra e Roberto. I nonni volevano e facevano ogni cosa affinchè Alessandra e suo fratello andassero in Italia a passare un periodo di tempo con loro, magari un' estate intera. Avere Alessandra a Bologna sarebbe stata la cosa più bella e desiderata dai nonni. La signora Laura aveva rivisto sua madre e le aveva promesso che avrebbe fatto di tutto per convincere Alessandra ad andare in Italia il più presto possibile. Alessandra non doveva essere convinta, visitare i nonni in Italia era la cosa che più le stava a cuore. Del resto aveva seguito corsi di italiano all'università proprio per migliorare la sua conoscenza della lingua e parlare fluentemente in italiano con i nonni. Quando i genitori di Alessandra sono tornati hanno naturalmente raccontato tutte le avventure italiane: hanno parlato dei viaggi, delle visite agli amici italiani, dei musei, dei pranzi squisiti nei ristoranti, dei piatti preparati dalla nonna e dei mille divertimenti. I Sullivan hanno parlato a lungo anche della bellissima settimana passata sulle spiagge di Rimini dove hanno assistito al festival cinematografico dedicato al defunto regista Federico Fellini. Naturalmente Anna è rimasta impressionata dalla bellissima spiaggia e dalla folla di bagnanti italiani e stranieri che popolano le spiagge italiane durante la stagione estiva. Uno spettacolo meraviglioso, con sole e caldo, un'intera settimana. I Sullivan presi dalla vita italiana avevano dimenticato completamente il clima mite di San Francisco dove d'estate spesso non manca la nebbia oppure un fresco venticello mattutino.

Synopsis

Italian Grandparents. Alessandra's grandparents were very happy having her parents and sister with them in Bologna, but they missed Alessandra and Roberto. Her parents have promised to persuade Alessandra and Roberto to come to Italy as soon as possible. Alessandra didn't need a lot of persuading; She was already studying Italian in order to be able to converse fluently with her grandparents. When her parents returned from their trip, they told her about the wonderful things they had done in Italy, from various short trips they had taken to a week spent on the beaches of Rimini. The Sullivans immersed themselves in the Italian way of life and the warm climate, and completely forgot the weather in San Francisco, which is often breezy and at times foggy.

VOCABULARY

The following terms are useful in discussing traveling experiences.

Nouns

l'avventura	*adventure*
il bagnante	*bather*
il caldo	*heat*
il clima	*climate*
la conoscenza	*knowledge*
il divertimento	*entertainment*
l'estate	*summer*
il festival	*festival*
la lettera	*letter*
il museo	*museum*
la nebbia	*fog*
la nonna	*grandmother*
il periodo	*period*
il piatto	*course (at a meal)*
il pranzo	*dinner (chief meal of the day)*
il regista	*movie director*
la spiaggia	*beach*
il venticello	*breeze*

Verbs

andassero	*would go*
aveva promesso	*had promised*
aveva rivisto	*had seen again*
avrebbe fatto di tutto	*would do everything*

convincere	*to convince*
diceva	*said*
hanno assistito	*attended*
hanno raccontato	*told*
ha ricevuto	*received*
mancava	*was missing*
migliorare	*to improve*
non vedeva l'ora	*could not wait*
popolano	*populate*
potesse accadere	*could happen*
(le) stava a cuore	*it was important to her*

Adjectives

cinematografico	*cinematic*
dedicato	*dedicated*
desiderato	*desired*
defunto	*deceased*
estivo	*summer*
fresco	*cool*
impressionato	*impressed*
intero	*entire*
mattutino	*morning*
meraviglioso	*marvelous*
mite	*mild*
squisito	*exquisite*

Different Expressions

affinchè	*in order that*
a lungo	*for a long time*
completamente	*completely*
del resto	*moreover, besides*
fluentemente	*fluently*
il più presto possibile	*as soon as possible*

| magari | *maybe, possibly* |
| oppure | *or* |

Tape script part 2   (Registrazione della seconda parte)

Listen to the story several times then respond to the questions the best way you can: *(Ascolta la storia molte volte e poi rispondi alle domande nel miglior modo possibile)*

Bene. Ritorniamo ad Alessandra. *Che cosa ha ricevuto ieri?*

_____

Sì. Una lettera dall'Italia. *Chi le ha scritto?*

_____

Sì. Sua nonna. *Che le diceva?*

_____

Sì. Che non vedeva l'ora di rivederla. *Come era stata per i nonni la visita dei suoi genitori?*

_____

La cosa più bella che potesse accadere. *Chi mancava alla famiglia?*

_____

Bene. Roberto e Alessandra. *Che cosa volevano i nonni?*

_____

Bene. Che Alessandra e suo fratello andassero in Italia. *Per quanto tempo?*

_____

Sì. Per un'estate intera. *Che cosa sarebbe stata la cosa più bella per i nonni?*

_____

Sì. Avere Alessandra a Bologna. *Che cosa aveva promesso la signora Laura a sua madre?*

_____

Che avrebbe fatto ogni cosa per convincere Alessandra ad andare in Italia. *Doveva essere convinta Alessandra?*

_____

Bene. No, non doveva essere convinta. *Perchè?*

_____

Esattamente. Visitare i nonni era una cosa che le stava a cuore. *Perchè aveva seguito corsi d'italiano all'università Alessandra?*

_____

Bene. Per migliorare la sua conoscenza della lingua. *E per quale altro motivo?*

Per parlare fluentemente in italiano con i nonni. *Che hanno raccontato i genitori?*

_____

Sì. Tutte le avventure italiane. *Di che hanno parlato?*

_____

Sì. Dei viaggi, dei musei, dei pranzi, dei mille divertimenti. *Hanno parlato della nonna?*

_____

Sì. Dei piatti preparati dalla nonna. *Di che altro hanno parlato i Sullivan?*

_____

Sì. Della bellissima settimana passata sulle spiagge di Rimini. *A che cosa hanno assistito a Rimini?*

_____

Sì. Al festival cinematografico. *A chi era dedicato il festival cinematografico?*

_____

Bene. Al regista Federico Fellini. *Ha mai visto un film di Fellini?*

_____

Bene. *Ti è piaciuto?*

_____

Bene. *Da che cosa è rimasta impressionata Anna?*

_____

Sì. Dalla bellissima spiaggia e dalla folla di bagnanti italiani e stranieri. *Quando popolano le spiagge italiane i bagnanti italiani e stranieri?*

_____

Bene. Durante la stagione estiva. *Come hanno descritto i Sullivan la vacanza al mare?*

_____

Benissimo. Uno spettacolo meraviglioso, con sole e caldo. *Cosa avevano dimenticato?*

_____

Il clima mite di San Francisco. *Perchè avevano dimenticato il clima mite di San Francisco?*

_____

Bene. Perchè presi dalla vita italiana. *Che cosa non manca d'estate a San Francisco?*

_____

Bene. La nebbia e un fresco venticello mattutino. *Che cosa significa venticello mattutino?*

_____

Sì. Un venticello che soffia la mattina.

Bene abbiamo finito per adesso, arrivederci a presto con la prossima lezione.

UNIT   XI   (Unità XI)

Tape script part 1   (Registrazione della prima parte)

Dopo il ritorno dei genitori dall'Italia, Alessandra incomincia a pensare seriamente al suo prossimo viaggio. I genitori le hanno parlato non solo dei nonni, ma anche dei suoi cugini coetanei e di tutti i parenti italiani, nonchè della dolce vita dei giovani italiani. Lei ha scoperto che i giovani italiani hanno una vita più facile di quella degli americani. Infatti in Italia pochissimi studenti universitari lavorano per sostenersi. In Italia i genitori di solito mantengono i propri figli durante gli studi universitari. Le università italiane sono statali e quindi le rette universitarie sono bassissime, infatti in Italia si paga solo una piccola tassa di iscrizione che non è niente a paragone delle altissime rette delle università americane. La maggior parte degli studenti italiani frequenta l'università della città in cui vivono le loro famiglie. Questo riduce di molto le spese di vitto e alloggio. Altri studenti viaggiano per andare all'università, e questo è possibile perchè l'Italia è un paese piuttosto piccolo specialmente se paragonato agli Stati Uniti. I cugini di Alessandra ad esempio, frequentano l'università di Bologna e vivono con i loro genitori mentre Alessandra vive a Berkeley benchè la sua famiglia viva a San Francisco che dista da Berkeley solo una quindicina di chilometri. Gli studenti americani poichè sono economicamente indipendenti dai genitori, preferiscono vivere da soli, e spesso frequentano università lontane migliaia di chilometri dalle loro famiglie. Molti studenti americani ricevono spesso un aiuto finanziario dallo Stato, oppure un vero e proprio prestito bancario con un tasso d'interesse agevolato che però devono incominciare a restituire appena incominciano a lavorare e a guadagnare. Certo questo aspetto della vita così importante come l'istruzione universitaria è molto diverso nei due paesi.

Synopsis

Italian Universities. After their trip to Italy, Alessandra's parents talked about Italian students and the university system in Italy, which is very different from the one in the United States. For example, university tuition in Italy is low and students live with their parents while studying. Parents pay all their expenses since very few Italian students work. American students, on the other hand, have jobs and are financially independent, and thus prefer to live on their own. For example, Alessandra lives in Berkeley, although her family resides in San Francisco, which is only about fifteen kilometers from Berkeley. Many American students receive financial assistance from the government or bank loans, which they usually pay back when they begin to work.

VOCABULARY

The following vocabulary is useful when discussing differences between Italian and American universities.

Nouns

l'aiuto	*help*
l'alloggio	*accommodations*
l'iscrizione	*enrollment*
l'istruzione	*instruction*
il prestito	*loan*
la retta	*tuition*
la spesa	*expenses*
la tassa	*tax*
il tasso di interesse	*interest rate*
il vitto e alloggio	*room and board*

Verbs

dista	*is distant*
è possibile	*it is possible*
ha scoperto	*discovered*
incomincia	*begins*
mantengono	*support*
restituire	*to give back*
ricevono	*receive*
riduce	*reduces*
si paga	*one pays*
sostenersi	*to support oneself*

Adjectives

agevolato (tasso)	*special, low (rate)*
bancario	*bank, banking*
bassissimo	*very low*
dolce	*sweet*
facile	*easy*
finanziario	*financial*
giovane	*young*
indipendente	*independent*
pochissimo	*very little*
prossimo	*next*
statale	*state, federal*
universitario	*university*

Different Expressions

a paragone	*by comparison*
appena	*as soon as*
benchè	*although*
da solo	*alone*
economicamente	*economically*
nonche	*and also*
oppure	*or*
piuttosto	*rather*
poichè	*since, because*
quindi	*thus*
seriamente	*seriously*

Tape script part 2   (Registrazione della seconda parte)

Listen to the story several times then respond to the questions the best way you can: *(Ascolta la storia molte volte e poi rispondi alle domande nel miglior modo possibile)*

Continuiamo la nostra storia. *A che cosa pensa Alessandra dopo il ritorno dei genitori?*

_____

Sì. Al suo prossimo viaggio. *Di chi le hanno parlato i genitori?*

_____

Dei cugini, dei parenti e dei giovani italiani. *Che ha scoperto Alessandra?*

_____

Sì. Che i giovani italiani hanno una vita più facile di quella degli americani. *Lavorano gli studenti universitari italiani?*

_____

Bene. Pochissimi lavorano per sostenersi. *Chi mantiene di solito i figli durante gli studi?*

_____

Bene. I genitori mantengono i propri figli. *Come sono le rette universitarie italiane?*

_____

Bene. Sono bassissime. *Che cosa si paga in Italia?*

_____

Sì. Si paga solo una piccola tassa di iscrizione. *Come sono le rette universitarie americane?*

_____

Sì. Sono altissime. *Quali università frequenta la maggior parte degli studenti italiani?*

_____

Frequenta le università dove vivono le loro famiglie. *Questo che cosa riduce di molto?*

_____

Bene. Le spese di vitto e alloggio. *Perchè?*

_____

Esattamente. Perchè gli studenti abitano nella casa dei loro genitori. *Lei con chi abita?*

_____

Bene. *Che cosa fanno altri studenti?*

_____

Sì. Viaggiano per andare all'università. *Perchè è possibile questo?*

_____

Sì. Perchè l'Italia è un paese piuttosto piccolo. *Quale università frequentano i cugini di Alessandra?*

_____

Sì. Frequentano l'università di Bologna. *E dove vivono?*

_____

Sì. Vivono con i loro genitori. *E Alessandra vive con la famiglia?*

_____

No. Alessandra vive a Berkeley benchè la sua famiglia viva a San Francisco. *Quanto dista San Francisco da Berkeley?*

_____

Sì. Una quindicina di chilometri. *Perchè gli studenti americani preferiscono vivere da soli?*

_____

Sì. Perchè sono economicamente indipendenti dai genitori. *Quali università frequentano spesso?*

_____

Bene. Università lontane migliaia di chilometri dalle loro famiglie. *Che cosa ricevono dallo Stato molti studenti?*

_____

Bene. Un aiuto finanziario o un prestito bancario. *Con che tipo di tasso?*

_____

Sì. Con un tasso di interesse agevolato. *E Lei che cosa ha ricevuto?*

_____

Bene. *Quando devono incominciare a restituire il prestito gli studenti?*

_____

Appena incominciano a lavorare e guadagnare. *Lei lavora adesso? Quanto guadagna?*

_____

Bene. *Come è questo aspetto dell'istruzione universitaria nei due paesi?*

_____

Sì. È molto diverso.

Bene abbiamo finito per adesso, arrivederci a presto con la prossima lezione.

_____

UNIT   XII   (Unità XII)

Tape script part 1   (Registrazione della prima parte)

Alessandra ha finalmente deciso di andare in Italia la prossima estate. Ha così incominciato a fare le spese ed a prepararsi per il viaggio. Ne ha parlato alla sua amica Amy e l'attesa di questo viaggio la rende felicissima ma allo stesso tempo anche un po' nervosa perchè deve fare delle spese.   Alessandra deve aggiornare il suo guardaroba e quindi possiamo immaginare il suo stato psicologico di donna giovane e bella che tiene molto all'eleganza. In più Alessandra deve comprare dei regali per i suoi nonni e per i suoi cugini. Lei sa che l'eleganza internazionale è italiana per cui vuole andare in Italia vestita elegantemente. Lei legge riviste sulla moda italiana e ha scoperto che quest'estate in Italia il rosso e il blu è un'accoppiata sicura, sono due colori di moda, in più l'azzurro ed il verde sono i colori del mare. Siccome lei ha intenzione di passare qualche settimana al mare, e poichè ha un bel personale, vuol comprare un costume da bagno molto sexy dove spiccano questi due colori. Alessandra cerca di scoprire tutte le novità della moda. I cugini le hanno telefonato e ricordato che in Italia d'estate fa molto caldo e di portare quindi vestiti leggeri in cotone fresco. Alessandra ricerca nuovi stili di giacche e pantaloni, le magliette super giovani, ed i colori primavera / estate. Legge tutti gli slogan della moda: *"per misurare il vostro calore/ scegliete un bel colore/ le magliette portate con amore/ fanno battere il cuore"* etc... Amy l'accompagna a fare le spese e si divertono molto. In un negozio di abbigliamento femminile a San Francisco ieri Alessandra ha comprato due magliette comode e vivaci in cotone con bordi azzurri; una camicia unisex blu di seta, modello a maniche lunghe con due tasche e chiusura con bottoni; pantaloni moda verde militare con tasche davanti e dietro; calzoncini poliestere e cotone con elastico in vita e chiusura con zip. In più ha comprato un bel paio di bikini verdi e azzurri.

Synopsis

Going Shopping. Alessandra has decided to go to Italy next summer. In a telephone conversation with her Italian cousins she found out that summers in Italy are very hot, and that she needs to bring along light cloths made of cotton. Alessandra knows that Italians dress elegantly, thus she has decided to go shopping to update her wardrobe. Her friend Amy accompanies her and they have fun shopping. Alessandra's purchases include two t-shirts, a shirt, a pair of pants, shorts, and a bathing suit , all of them made in the latest fashion.

VOCABULARY
The following vocabulary is useful when talking about one's wardrobe.

Nouns

l'abbigliamento	*attire*

negozio di abbigliamento	*clothing store*
l'accopiata	*perfect combination*
l'attesa	*expectation*
il blu	*blue*
il bordo	*trim*
il bottone	*button*
il calore	*heat*
i calzoncini	*shorts*
la camicia	*shirt*
la chiusura	*closing*
il colore	*colour*
il costume da bagno	*bathing suit*
l'eleganza	*elegance*
l'elastico	*elastic*
la giacca	*jacket*
il guardaroba	*wardrobe*
il mare	*sea*
la moda	*fashion*
il modello	*model*
il paio	*pair*
i pantaloni	*pants*
il personale	*figure*
il poliestere	*polyester*
la primavera	*spring*
la rivista	*magazine*
il rosso	*red*
lo stato	*state (mental)*
lo stile	*style*
la tasca	*pocket*
il verde	*green*

Verbs

aggiornare	*to update*
fare le spese	*to go shopping*
fanno battere	*make beat*

ha intenzione	*intends*
hanno ricordato	*reminded*
immaginare	*to imagine*
misurare	*to measure*
possiamo	*we can*
(la) rende	*makes (her)*
ricerca	*researches*
scegliete	*choose*
si diverte	*has fun*
spiccano	*stand out*
tiene	*cares*

Adjectives

applicato	*applied*
chiuso	*closed*
comodo	*comfortable*
felicissimo	*very happy*
fresco	*cool*
inserito	*inserted*
internazionale	*international*
leggero	*light*
militare	*military*
psicologico	*psychological*
super giovane	*very youthful*
vestito	*dressed*
vivace	*lively*

Different Expressions

a maniche lunghe	*with long sleeves*
davanti	*in front*
dietro	*behind*
di moda	*in fashion*
elegantemente	*elegantly*
in vita	*at the waist*

quindi	*therefore*
siccome	*since, because*

Tape script part 2   (Registrazione della seconda parte)

Listen to the story several times then respond to the questions the best way you can: *(Ascolta la storia molte volte e poi rispondi alle domande nel miglior modo possibile)*

Continuiamo. *Che cosa ha deciso Alessandra?*

_____

Sì. Di andare in Italia. *Quando vuole andare in Italia?*

_____

Bene. La prossima estate. *Che ha cominciato a fare?*

_____

Sì. A fare le spese ed a prepararsi per il viaggio. *A chi ne ha parlato?*

_____

Bene. Alla sua amica Amy. *Come la rende l'attesa di questo viaggio?*

_____

Sì. La rende felicissima ma anche un po' nervosa. *Perchè la rende nervosa?*

_____

Bene. Perchè deve fare delle spese. *Che cosa deve aggiornare Alessandra?*

_____

Sì. Il suo guardaroba. *Che cosa è il guardaroba?*

_____

Sì. L'insieme dei vestiti. *Che cosa possiamo immaginare?*

_____

Lo stato psicologico di Alessandra. *Tiene molto all'eleganza Alessandra?*

_____

Bene. Alessandra tiene molto all'eleganza. *E lei tiene molto all'eleganza?*

_____

Bene. *Che cosa ha nel suo guardaroba?*

_____

Bene. *Che deve comprare Alessandra?*

_____

Deve comprare regali per i suoi nonni e cugini. *Che cosa sa Alessandra?*

Sì. Che l'eleganza internazionale è italiana. *Come vuole andare vestita in Italia?*

_____

Sì. Vuole andare vestita elegantemente. *Che cosa legge Alessandra?*

_____

Sì. Riviste sulla moda italiana. *Che cosa ha scoperto?*

_____

Che quest'estate in Italia il rosso e il blu è un'accoppiata sicura. *Che significa accoppiata sicura?*

_____

Bene. Significa che sono due colori di moda. *Quali sono i colori del mare?*

_____

Sì. L'azzurro ed il verde. *Che intenzione ha Alessandra?*

_____

Sì. Di passare qualche settimana al mare. *Che cosa vuol comprare?*

_____

Bene. Un costume da bagno molto sexy. *Perchè vuol comprare un costume molto sexy?*

_____

Sì. Perchè ha un bel personale. *Quali colori devono spiccare nel costume?*

_____

Sì. I colori azzurro e verde devono spiccare nel costume. *Che cerca di scoprire Alessandra?*

_____

Bene. Cerca di scoprire tutte le novità della moda. *Che cosa le hanno ricordato i cugini?*

_____

Che in Italia d'estate fa molto caldo. *Che vestiti deve portare?*

_____

Bene. Vestiti leggeri in cotone fresco. *Che cosa ricerca Alessandra?*

_____

Nuovi stili di giacche e pantaloni, le magliette super giovani ed i colori primavera / estate. *Che cosa legge?*

_____

Legge tutti gli slogan della moda. *Per misurare il vostro calore?*

_____

Bene. Scegliete un bel colore. *Le magliette portate con amore?*

_____

Bene. Fanno battere il cuore. *Chi è Amy? Che fa?*

Sì. È la sua amica, l'accompagna a fare le spese. *Si divertono?*

_____

Sì, si divertono molto. *Che ha comprato ieri a San Francisco Alessandra?*

_____

Sì. Ha comprato due magliette comode e vivaci in cotone con bordi azzurri. *Che altro?*

_____

Una camicia unisex blu di cotone. *Che modello?*

_____

Modello a maniche lunghe, con due tasche e chiusura con bottoni. *Che tipo di pantaloni ha comprato Alessandra?*

_____

Sì. Moda verde militare con tasche davanti e dietro. *Che tipo di calzoncini ha comprato?*

_____

Poliestere e cotone con elastico in vita e chiusura con zip. *Ha comprato un costume da bagno Alessandra?*

_____

Sì. Ha comprato un bel paio di bikini verdi e azzurri.

Bene abbiamo finito per adesso, arrivederci a presto con la prossima lezione.

_____

UNIT XIII   (Unità XIII)

Tape script part 1   (Registrazione della prima parte)

Alessandra ha deciso di regalare ai nonni qualcosa di tipicamente americano per cui va in giro nei vari negozi cercando regali piuttosto esclusivi. Vorrebbe portare loro qualcosa che non è facile trovare in Italia. Non è un compito facile. Il nonno ha compiuto 74 anni e la nonna 71 e Alessandra non è tanto sicura dei gusti di persone di una certa età. Comunque in Italia si sa che negli Stati Uniti le innovazioni tecnologiche sono applicate alla vita di ogni giorno. Alessandra ha concluso di regalar loro un apparecchio elettronico di piccole dimensioni che può essere programmato a richiamare l'attenzione dei nonni nel caso dimenticassero di fare cose che appartengono alla routine giornaliera. Per esempio

Alessandra ha scoperto per mezzo di sua madre che il nonno spesso dimentica di chiudere il gas, o di pagare la bolletta del telefono o persino di andare in tintoria a ritirare i vari indumenti che poi disperatamente cerca in casa. Queste cose accadono normalmente a persone di una certa età e questo non significa che il nonno di Alessandra abbia alcuna malattia mentale o fisica. Alessandra è sicura che i nonni gradiranno sicuramente questo regalo. Questo apparecchio che è molto facile programmare, richiama l'attenzione dei nonni a fare tutte la varie cose che si son proposti di fare. Naturalmente Alessandra porterà alla nonna altri piccoli regali come alcuni profumi che ha comprato da Macy a San Francisco, ed altri utensili per la cucina che servono a sbucciare carote, patate ecc... Ai cugini e alle cugine, Alessandra porterà felpe, maglioni e blu jeans americani. Del resto questi capi di abbigliamento americani, specialmente i blu jeans sono i migliori del mondo anche se i modelli italiani sono molto popolari. Naturalmente porterà in Italia pacchi di gomme americane di tutti i colori e sapori. Alessandra si sente molto meglio oggi, ha finito di fare le spese.

Synopsis

Buying Gifts. Alessandra wants to bring presents to her grandparents and cousins when she goes to visit them in Italy. She has a hard time deciding what to buy for her grandparents. Finally she decides on a small electronic device, which when programmed can remind them of things they forgot to do. For example, Alessandra has found out that the grandfather frequently forgets to shut off the gas or pay the telephone bill. This forgetfulness is normal for his age. For her grandmother, Alessandra bought perfumes and utensils for the kitchen, and for her cousins sweatshirts, polo sweaters, and jeans. In addition, she is bringing chewing gum of all colors and flavors.

VOCABULARY

The following terms are helpful when talking about gifts.

Nouns

l'apparecchio elettronico	*electronic device*
l'attenzione	*attention*
la bolletta telefonica	*telephone bill*
la carota	*carrot*

il compito	*task*
la dimensione	*dimension*
la felpa	*sweatshirt*
il gusto	*taste*
l'indumento	*garment*
l'innovazione	*invention*
il maglione	*polo sweater*
la malattia	*illness*
il pacco di gomme	*a stick of chewing gum*
la patata	*potato*
il profumo	*perfume*
il sapore	*flavour*
la tintoria	*dry cleaner*
l'utensile	*utensil*

Verbs

accadono	*happen*
appartengono	*belong*
cercando	*looking for*
chiudere	*to close*
dimenticassero	*forgot*
gradiranno	*will appreciate*
programmare	*to program*
richiamare	*to recall*
ritirare	*to pick up*
sbucciare	*to peel*
servono	*serve, are needed*
significa	*means*
si sono proposti di fare	*intended to do*
sono applicate	*are applied*
va in giro	*goes around*

Adjectives

esclusivo	*esclusive*

programmato	*programmed*
tecnologico	*technological*

Different Expressions

comunque	*however*
disperatatamente	*desperately*
meglio	*better*
nel caso	*in case*
normalmente	*normally*
per mezzo	*by means*
persino	*even*
sicuramente	*surely*
tipicamente	*typically*

Tape script part 2   (Registrazione della seconda parte)

Listen to the story several times then respond to the questions the best way you can: *(Ascolta la storia molte volte e poi rispondi alle domande nel miglior modo possibile)*

Continuiamo. *Che cosa ha deciso di regalare ai nonni Alessandra?*

_____

Sì. Ha deciso di regalare ai nonni qualcosa di tipicamente americano. *Che cerca nei negozi?*

_____

Bene. Regali piuttosto esclusivi. *Che vorrebbe portare loro?*

_____

Sì. Qualcosa che non è facile trovare in Italia. *È un compito facile quello di Alesandra?*

_____

Bene. Non è un compito facile. *Quanti anni ha compiuto il nonno?*

_____

Sì. Ha compiuto 74 anni. *Di che cosa non è sicura Alessandra?*

_____

Lei non è sicura dei gusti di persone di una certa età. *Che cosa si sa in Italia?*

Sì. Che negli Stati Uniti le innovazioni tecnologiche sono applicate alla vita di ogni giorno. *Che cosa ha concluso Alessandra?*

_____

Sì. Di regalare loro un apparecchio elettronico. *Come è questo apparecchio?*

_____

È di piccole dimensioni. *A che cosa può essere programmato?*

_____

Sì. A richiamare l'attenzione dei nonni. *Nel caso dimenticassero di..*

_____

Sì. Fare cose che appartengono alla routine giornaliera. *Che cosa ha scoperto Alessandra?*

_____

Ha scoperto che il nonno spesso dimentica di chiudere il gas. *E che altro ha scoperto?*

_____

Sì. Che dimentica di pagare la bolletta del telefono. *E che altro?*

_____

Sì. Di andare in tintoria a ritirare i vari intumenti. *Dove cerca il nonno gli intumenti?*

_____

Sì. Li cerca disperatamente nella casa. *A chi accadono queste cose?*

_____

Sì. A persone di una certa età. *E questo che cosa non significa?*

_____

Bene. Che il nonno di Alessandra abbia una malattia mentale o fisica. *Di che è sicura Alessandra?*

_____

Sì. Che i nonni gradiranno questo regalo. *Come è questo apparecchio?*

_____

Sì. È facile da programmare. *Che cosa richiama?*

_____

Bene. L'attenzione dei nonni. *A fare che cosa?*

_____

Sì. Tutte le varie cose che si son proposti di fare. *Che altro porterà alla nonna Alessandra?*

_____

Sì. Altri piccoli regali. *Che tipo di regali?*

_____

Bene. Alcuni profumi. *Dove ha comprato i profumi?*

Sì. A San Francisco da Macy. *E che altro porterà ai nonni?*

_____

Bene. Utensili per la cucina. *A che servono questi utensili?*

Bene. A sbucciare carote, patate ecc... *Che cosa regalerà ai cugini e alle cugine?*

_____

Felpe, maglioni e blu jeans americani. *Come sono i blu jeans americani?*

_____

Bene. Sono i migliori del mondo. *E i modelli italiani come sono?*

_____

Bene. Sono molto popolari. *Che altro porterà in Italia Alessandra?*

_____

Sì. Pacchi di gomme americane di tutti i colori e sapori. *Come si sente oggi Alessandra?*

_____

Sì. Si sente molto meglio. *Perchè si sente molto meglio Alessandra?*

_____

Bene. Perchè ha finito di fare le spese.

Bene abbiamo finito per adesso,   arrivederci a presto con la prossima lezione.

UNIT   XIV   (Unità XIV)

Tape script part 1   (Registrazione della prima parte)

Alessandra in questi ultimi mesi è riuscita a risparmiare molti dollari proprio per il suo viaggio in Italia. I genitori le hanno comunque offerto il biglietto per il viaggio. Alessandra è andata ad un'agenzia di viaggi a San Francisco e ha prenotano un biglietto. A differenza dei suoi genitori, Alessandra ha scelto di viaggiare con una compagnia inglese la British Airways per un paio di ragioni: prima di tutto il biglietto costa 200 dollari di meno delle altre compagnie aeree inclusa l'Alitalia, poichè la British offre sconti a studenti ed insegnanti che si recano a studiare o a insegnare all'estero; secondo, la British ha un volo diretto San Francisco - Londra con coincidenza di un volo diretto a Bologna. Alessandra può fare dogana direttamente a Bologna. Alessandra è contentissima, si avvicina il giorno della partenza, comincia a fare le valigie. Sua sorella Anna rivive anche lei questi bellissimi momenti e vorrebbe partire anche lei di nuovo per l'Italia. Tutta la famiglia Sullivan accompagna Alessandra all'aeroporto. Prima di imbarcarsi Alessandra riceve molti baci e abbracci dai suoi genitori e dalla sorellina Anna. Anche Amy è venuta a salutarla e spera che un giorno anche lei possa andare in Italia. Alessandra ieri sera ha ricevuto molte telefonate da amici e anche una telefonata da un suo ex ragazzo che in effetti non ha mai smesso di desiderarla e amarla. Sono le sedici e quarantacinque, Alessandra con la carta d'imbarco in mano si avvia all'uscita numero 36 per salire sull'aereo. La madre nel frattempo la richiama e le dà un libro da leggere durante il viaggio. È un libro italiano di un autore poco conosciuto, Andrea De Carlo, _Tecniche di seduzione_ pubblicato recentemente in Italia e che la madre ha comprato in una libreria italiana a San Francisco.

Synopsis

Departure for Italy. Alessandra was able to save money for the trip to Italy, and her parents paid for her ticket. She purchased a ticket with British Airways because it cost less than flying with other airlines, including Alitalia. Prior to her departure Alessandra said good-bye to many of her friends. Alessandra's family accompanied her to the airport and her mother gave her an Italian book to read on the plane entitled _Techniques of Seduction_ by an unknown Italian author. Her mother bought this book in an Italian bookstore in San Francisco.

VOCABULARY

The following terms are useful when talking about traveling by plane.

Nouns

l'agenzia di viaggi	_travel agency_
il biglietto	_ticket_
la carta d'imparco	_boarding pass_
la compagnia	_company_
l'estero	_abroad, foreign countries_

l'insegnante	*teacher*
la libreria	*bookstore*
il momento	*moment*
lo sconto	*discount*
la seduzione	*seduction*
la tecnica	*technique*
la telefonata	*telephone call*
l'uscita	*gate, exit*

Verbs

costa	*costs*
fare le valige	*to pack*
ha prenotato	*reserved*
imbarcarsi	*to go on board*
insegnare	*to teach*
non ha smesso	*did not stop*
riceve	*receives*
(la) richiama	*calls (her) back*
risparmiare	*to save*
rivive	*relives*
si avvicina	*gets closer*
si reca	*heads*

Adjectives

conosciuto	known
contentissimo	very happy

Different expressions

a differenza	*differently*
con coincidenza	*with connection*
di meno	*less*
direttamente	*directly*
recentemente	*recently*

Tape script part 2   (Registrazione della seconda parte)

Listen to the story several times then respond to the questions the best way you can: (*Ascolta la storia molte volte e poi rispondi alle domande nel miglior modo possibile*)

Continuiamo la nostra storia. *Per che cosa ha risparmiato molti dollari Alessandra?*

_____

Sì. Per il suo viaggio in Italia. *Chi le ha pagato il biglietto per il viaggio?*

_____

Bene. I suoi genitori. *Dove è andata Alessandra a prenotare il biglietto?*

_____

Ad un'agenzia di viaggi a San Francisco. *Con quale compagnia aerea viaggia Alessandra?*

_____

Bene. Con la British Airways. *Per quali ragioni?*

_____

Sì. Il biglietto costa 200 dollari di meno delle altre compagnie. *Che cosa offre la British?*

_____

Offre sconti a studenti e insegnanti che si recano all'estero. *Per quale altra ragione viaggia con la British?*

_____

Sì. La British ha un volo diretto San Francisco-Londra con coincidenza per Bologna. *Dove può far dogana Alessandra?*

_____

Sì. Direttamente a Bologna. *Perchè Alessandra è contentissima?*

_____

Bene. Perchè si avvicina il giorno della partenza. *Che cosa comincia a fare?*

_____

Sì. Comincia a fare le valigie. *Che cosa rivive sua sorella Anna?*

_____

Bene. Questi bellissimi momenti. *E che cosa vorrebbe fare?*

_____

Vorrebbe partire anche lei per l'Italia. *Chi accompagna Alessandra all'aeroporto?*

_____

Sì. Tutta la famiglia Sullivan. *Che cosa riceve Alessandra prima di imbarcarsi?*

Sì. Riceve molti baci e abbracci. *Chi dà baci e abbracci ad Alessandra?*

_____

Sì. I suoi genitori e la sorellina Anna. *Chi è venuta a salutarla?*

_____

Sì. Amy è venuta a salutarla. *Che cosa spera Amy?*

_____

Bene. Che anche lei un giorno possa andare in Italia. *Che ha ricevuto ieri Alessandra?*

_____

Sì. Molte telefonate da amici. *Chi altro ha telefonato ad Alessandra?*

_____

Sì. Un suo ex ragazzo. *Che cosa non ha mai fatto questo ragazzo?*

_____

Bene. Non ha mai smesso di desiderarla e amarla. *Che cosa ha in mano Alessandra?*

_____

Sì. Una carta d'imbarco. *Dove si avvia?*

_____

Sì. All'uscita numero 36 per salire sull'aereo. *Che cosa fa la madre?*

_____

Bene. La richiama e le dà un libro da leggere durante il viaggio. *Che libro è?*

_____

Sì. Un libro di un autore poco noto. *E come si chiama questo autore?*

_____

Bene. Andrea De Carlo. *Ed il libro come è intitolato?*

_____

Bene. *Tecniche di seduzione*. *Dove è stato pubblicato?*

_____

Benissimo. È stato pubblicato in Italia recentemente. *La madre dove ha comprato il libro?*

_____

Bene. L'ha comprato in una libreria italiana a San Francisco.

Bene abbiamo finito per adesso,   arrivederci a presto con la prossima lezione.

UNIT   XV   (Unità XV)

Tape script part 1   (Registrazione della prima parte)

Alessandra inizia il lungo volo diretto a Londra. L'aeroplano un 747, decolla dall'aeroporto di San Francisco. La bellissima baia appare agli occhi incantati dei viaggiatori che finalmente possono vedere il bellissimo panorama dall'alto. Alessandra è seduta vicino ad un signore che va a Londra per affari. Lui è un rappresentante di una fabbrica di computer che opera a Silicon Valley. Alessandra scambia molte opinioni sull'informatica con questo signore. Alessandra ha seguito corsi di informatica a Berkeley e discutono di tutti i vantaggi che questa tecnica offre all'uomo moderno. Sull'aereo viene servito un pranzo squisito. I passeggeri possono scegliere vari piatti. C'è persino un antipasto a base di salmone; offrono vino bianco e rosso californiano o italiano, servono bottigliette di cognac e altri liquori. Il viaggio benchè lungo non è noioso per Alessandra. Lei legge, mangia, parla e pensa anche moltissimo a quello che dovrà fare in Italia. Arrivata a Londra, Alessandra per mezzo di un autobus viene trasferita in un'altra parte dell'aeroporto da dove partono i vari voli attraverso l'Europa. Purtroppo deve aspettare un'oretta all'aeroporto, ma è contenta, è quasi arrivata a Bologna. Il volo Londra-Bologna dura meno di due ore. L'aeroporto di Bologna è molto piccolo se paragonato a quello di San Francisco o di Londra. Appena scesa dall'aereo Alessandra è colpita più di ogni cosa dalla lingua italiana. Le persone dell'aeroporto le ricordano l'accento bolognese dell'italiano parlato da sua madre. Lei si guarda intorno per vedere se c'è la cugina Silvia che le aveva promesso che sarebbe venuta a prenderla all'aeroporto. Le due cugine finalmente si vedono, gettano un grido seguito da abbracci e baci. Tutte e due si avviano poi a prendere i bagagli e a fare la dogana.

Synopsis

Flight to Bologna. Alessandra first flew from San Francisco to London. On the plane she sat next to a gentleman who was a representative of a computer firm. She had an interesting conversation about the advantages that computer technology offers to us nowadays. Between eating, reading, talking and thinking about things she needs to do in Italy, Alessandra's flight passed very quicly. After a layover of one hour she was on a plane that took her to Bologna. Her cousin Silvia waited for her at the airport, and after hugging and kissing each other the two girls went to pick up Alessandra's luggage.

VOCABULARY

The following terms are useful when talking about overseas travel.

Nouns

l'abbraccio	*hug*
l'accento	*accent*
l'affare	*business*
il bacio	*kiss*
la bottiglietta	*little bottle*
la fabbrica	*factory, manufacturer*
il grido	*scream*
il liquore	*liquor*
l'oretta	*about an hour*
il panorama	*view*
il passeggero	*passenger*
il pranzo	*dinner, lunch*
il rappresentante	*representative*
la tecnica	*technique*
il vantaggio	*advantage*

Verbs

appare	*appears*
decolla	*takes off*
discutono	*discuss*
è colpita	*is stricken*
fare la dogana	*to pass customs*
gettano un grido	*utter a scream*
offre	*offers*
opera	*does business*
paragonato	*compared*

sarebbe venuta	*would come*
scambia	*exchanges*
scesa	*descended*
si guarda intorno	*looks around*
viene servito	*is served*

Adjectives

diretto	*direct*
incantato	*enchanted*
squisito	*exquisite*

Different Expressions

appena	*as soon as*
attraverso	*across*
dall'alto	*from above*
per mezzo	*by means of*
purtroppo	*unfortunately*
se	*if*

Tape script part 2   (Registrazione della seconda parte)

Listen to the story several times then respond to the questions the best way you can: *(Ascolta la storia molte volte e poi rispondi alle domande nel miglior modo possibile)*

Continuiamo la nostra storia. *Dove è diretto il volo di Alessandra?*

_____

Sì. È diretto a Londra. *Dove è Londra?*

_____

Bene. Londra è in Inghilterra. *Da dove decolla l'aeroplano?*

Bene. Dall'aeroporto di San Francisco. *A chi appare la bellissima Baia?*

_____

Bene. Agli occhi incantati dei viaggiatori. *Che possono vedere dall'alto?*

Sì. Il bellissimo panorama della Baia. *Dove è seduta Alessandra?*

_____

Bene. Vicino ad un signore che va a Londra. *Perchè va a Londra il signore?*

_____

Sì. Per affari. *Chi è questo signore?*

_____

Sì. È un rappresentante di una fabbrica di computer. *Dove opera la sua fabbrica?*

_____

Bene. A Silicon Valley. *Che cosa scambia con questo signore Alessandra?*

_____

Sì. Molte opinioni sull'informatica. *È un'esperta d'informatica Alessandra?*

_____

Sì. Ha seguito dei corsi a Berkeley. *Di che cosa discutono?*

_____

Dei vantaggi che questa tecnica offre all'uomo moderno. *Come è il pranzo che viene servito sull'aereo?*

_____

Sì. È un pranzo squisito. *Che cosa possono fare i passeggeri?*

_____

Sì. possono scegliere vari piatti. *Come è l'antipasto?*

_____

Sì. È a base di salmone. *Che vino offrono?*

_____

Sì. Bianco e rosso. *Che altro servono?*

_____

Bene. Bottigliette di cognac e altri liquori. *Come è il viaggio per Alessandra?*

_____

Sì. Lungo ma non è noioso. *Che cosa fa durante il viaggio?*

_____

Sì. Legge, mangia, parla. *Che cosa altro fa?*

_____

Bene. Pensa moltissimo a quello che dovrà fare in Italia. *Che cosa succede ad Alessandra dopo essere arrivata a Londra?*

_____

Sì. Viene trasferita in un'altra parte dell'aeroporto. *Come viene trasferita?*

Sì. Per mezzo di un autobus. *Che cosa avviene in questa parte dell'aeroporto?*

_____

Sì. Partono voli attraverso l'Europa. *Quanto deve aspettare prima di partire per Bologna?*

_____

Sì. Deve aspettare un'oretta. *Quanto dura il volo Londra-Bologna?*

_____

Bene. Meno di due ore. *Come è l'aeroporto di Bologna?*

_____

Bene. È molto piccolo. *Da che cosa è colpita Alessandra?*

_____

Benissimo. Dalla lingua italiana. *Che cosa le ricordano le persone dell'aeroporto?*

_____

Bene. L'accento bolognese dell'italiano parlato dalla madre. *Perchè lei guarda intorno?*

_____

Per vedere se c'è Silvia, la cugina. *Che cosa le aveva promesso Silvia?*

_____

Sì. Che sarebbe venuta a prenderla all'aeroporto. *Che cosa fanno le cugine quando si vedono?*

_____

Bene. Gettano un grido. *Da che cosa è seguito il grido?*

_____

Bene. Da abbracci e baci. *E poi cosa fanno?*

_____

Si avviano a prendere i bagagli e fare la dogana.

Bene abbiamo finito per adesso, arrivederci a presto con la prossima lezione.

_____

UNIT   XVI   (Unità XVI)

Tape script part 1   (Registrazione della prima parte)

Dopo aver passato la dogana, Silvia, la giovane cugina che somiglia molto ad Alessandra, infatti sembra sua sorella, è andata a prendere un carrello per le valigie. Le due cugine hanno parlato cordialmente e Silvia è rimasta sorpresa di come Alessandra parlasse bene l'italiano. Le ha fatto molti complimenti chiedendole dove avesse imparato così bene la lingua italiana. Alessandra era felicissima e orgogliosa ed ha apprezzato immensamente l'importanza del conoscere bene una lingua straniera. Sono uscite dall'aeroporto, Silvia ha mostrato la sua macchina parcheggiata sotto un albero. Per fortuna era una macchina grande abbastanza per le due valigione di Alessandra. Dopo aver caricato le valigie le due cugine sono partite. Un paio di giovani bolognesi non hanno perso l'occasione di gettare uno sguardo alle bellissime ragazze mentre entravano in macchina. La macchina si è avviata verso un quartiere residenziale di Bologna dove abitano i nonni di Alessandra che erano li ad aspettarla ansiosamente. Alessandra era un po' stanca, ma durante il breve viaggio guardava attorno quasi sorpresa di vedere le cose di cui aveva solo sentito parlare. Silvia le ha parlato e le ha spiegato dove si trovava la casa dei nonni, le ha detto che era nella parte nord della città e che c'erano molte strade per andarci. Lei ha scelto di passare davanti all'università per mostrare ad Alessandra dove studiava. Le ha mostrato alcune piazze, monumenti, musei, ed anche una discoteca. Poco dopo in una bella strada fiancheggiata da alberi, la macchina si è fermata davanti una villetta con giardino, era la casa dei nonni. Alessandra ha visto i nonni italiani, erano lì davanti la casa ad aspettarla. Una visione che non dimenticherà mai nella sua vita. I nonni erano commossi, avevano gli occhi pieni di lacrime per l'emozione di vedere la loro nipote. Alessandra anche si è commossa, si sono abbracciati e baciati, erano lacrime di gioia, singhiozzi di felicità. Federica, l'altra cugina, intanto dopo aver dato il benvenuto ad Alessandra, ha scaricato le valigie.

Synopsis

Grandparents' House. Alessandra's cousin Silvia was surprised at how well Alessandra spoke Italian. Silvia parked her car outside of the airport and fortunately it was large enough to accommodate Alessandra's two enormous suitcases. During the ride to her grandparents' home Silvia showed Alessandra the university where she studies, in addition to city squares, monuments, museums, and a discotheque. Her grandparents were anxiously waiting for Alessandra's arrival and when they finally saw her they were moved to tears. Alessandra was also crying, but they were tears of joy. In the meantime, Alessandra's other cousin Federica unloaded her suitcases from the car.

VOCABULARY

The following expressions are helpful when discussing feelings and emotional situations.

Nouns

l'albero	*tree*
il carrello	*luggage cart*
il complimento	*compliment*
la felicità	*happiness*
il giardino	*garden*
la gioa	*joy*
l'importanza	*importance*
la lacrima	*tear*
il monumento	*monument*
l'occasione	*occasion*
il quartiere	*city section, neighborhood*
il singhiozzo	*sob*
lo sguardo	*look*
la strada	*street*
la valigiona	*large suitcase*
la villetta	*cottage*
la visione	*vision*

Verbs

aver caricato	*having loaded*
dare il benvenuto	*to welcome*
entravano	*were entering*
ha apprezzato	*appreciated*
ha mostrato	*showed*
ha scaricato	*unloaded*
ha scelto	*chose*
ha spiegato	*explained*
non dimenticherà	*will not forget*
non hanno perso	*did not miss*
si è fermata	*stopped*

| si trovava | *was located* |
| somiglia | *resembles* |

Adjectives

commosso	*moved*
fiancheggiato	*flanked*
parcheggiato	*parked*
residenziale	*residential*
sorpreso	*surprised*

Different Expressions

ansiosamente	*anxiously*
cordialmente	*cordially*
immensamente	*immensely*
intanto	*in the meantime*
mai	*never*
per fortuna	*fortunately*

Tape script part 2   (Registrazione della seconda parte)

Listen to the story several times then respond to the questions the best way you can: *(Ascolta la storia molte volte e poi rispondi alle domande nel miglior modo possibile)*

La nostra storia continua. *Come si chiama la cugina di Alessandra?*

_____

Sì. Si chiama Silvia. *A chi somiglia Silvia?*

_____

Bene. Somiglia molto ad Alessandra, sembra sua sorella. *E lei a chi somiglia?*

_____

Bene. *Che cosa ha fatto Silvia?*

Bene. È andata a prendere un carrello per le valigie. *Di che è rimasta sorpresa Silvia?*

Sì. Di come Alessandra parlasse bene l'italiano. *Che cosa ha fatto ad Alessandra?*

_____

Bene. Le ha fatto molti complimenti. *Che cosa le ha chiesto?*

_____

Sì. Dove avesse imparato l'italiano così bene. *Come era Alessandra?*

_____

Sì. Era felicissima e orgogliosa. *Che cosa ha apprezzato immensamente?*

_____

Bene. L'importanza del conoscere bene una lingua straniera. *Da dove sono uscite?*

_____

Sì. Sono uscite dall'aeroporto. *Che cosa ha mostrato Silvia?*

_____

Sì. La sua macchina. *Dove era parcheggiata?*

_____

Benissimo. Sotto un albero. *Era abbastanza grande per che cosa la macchina?*

_____

Sì. Per le due valigione di Alessandra. *Quando sono partite le due cugine?*

_____

Sì. Dopo aver caricato le valigie. *Che cosa hanno fatto un paio di giovani bolognesi?*

_____

Sì. Hanno gettato uno sguardo alle bellissime ragazze. *Quando?*

_____

Sì. Mentre entravano in macchina. *Dove si è avviata la macchina?*

_____

Bene. Verso un quartiere residenziale di Bologna. *Che facevano i nonni?*

_____

Sì. L'aspettavano ansiosamente. *Che cosa ha fatto Alessandra durante il breve viaggio?*

_____

Sì. Ha guardato sorpresa, le cose di cui aveva solo sentito parlare. *Che cosa ha fatto Silvia?*

_____

Bene. Le ha parlato e spiegato dove si trovava la casa dei nonni. *Che cosa le ha detto?*

Sì. Che era nella parte nord della città e che c'erano molte strade per andarci. *Perchè Silvia ha scelto di passare davanti all'università?*

_____

Sì. Per mostrare ad Alessandra dove studiava. *Che cosa altro le ha mostrato?*

_____

Sì. Piazze, monumenti, musei e una discoteca. *Dove si è fermata la macchina?*

_____

Sì. Davanti una villetta con giardino. *Dove era questa villetta?*

_____

Bene. In una strada fiancheggiata da alberi. *Che significa strada fiancheggiata da alberi?*

_____

Bene. Strada alberata, che è in mezzo a due file di alberi. *Chi ha visto Alessandra?*

_____

Benissimo. I nonni. *Dove erano?*

_____

Bene. Davanti la casa ad aspettarla. *Che tipo di visione ha avuto Alessandra?*

_____

Una visione che non dimenticherà mai nella sua vita. *Come erano i nonni?*

_____

Sì. Erano commossi e avevano gli occhi pieni di lacrime. *Perchè?*

_____

Bene. Per l'emozione di vedere la loro nipote. *Che cosa hanno fatto poi?*

_____

Bene. Si sono abbracciati e baciati. *Che tipo di lacrime e singhiozzi erano?*

_____

Sì. Lacrime e singhiozzi di felicità. *Chi è Federica?*

_____

Un'altra cugina di Alessandra. *Che cosa ha fatto?*

_____

Sì. Ha scaricato le valigie. *Quando?*

_____

Bene. Dopo aver dato il benvenuto ad Alessandra.

Bene abbiamo finito per adesso, arrivederci a presto con la prossima lezione.

UNIT XVII   (Unità XVII)

Tape script part 1   (Registrazione della prima parte)

Eccoci di nuovo a parlare di Alessandra. Dopo essere arrivata, altri parenti sono venuti a salutarla; Alessandra si è sentita molto importante nel vedersi circondata da cugini, zie e zii, e ha notato l'affetto ed il rispetto che esiste tra i membri della famiglia italiana. Tutti i parenti le hanno fatto domande riguardo alla sua vita e alla sua famiglia negli Stati Uniti. In seguito è stata servita a tutti i parenti una cena stupenda alla bolognese, che la nonna aveva preparato con tanto amore proprio per Alessandra. C'era un antipasto misto incredibile: prosciutto, melone, salmone affumicato, salame, olive, melanzane e una varietà di formaggi. Sono stati serviti poi tortellini con panna, funghi e piselli per primo piatto e per secondo fagiano al forno con funghi di bosco. Per contorno c'era insalata verde con rucola, patate arrosto ecc...Hanno bevuto vino specialità *Chianti* e *Barolo*. Alessandra non aveva mai mangiato così bene. Ha mangiato a crepapelle. Benchè fosse sazia, alla fine non ha potuto rinunciare al tiramisù preparato dalla nonna. Alessandra ha compreso molto bene che cosa si vuol dire quando si dice "Bologna la grassa." È stata una cena spettacolare! Dopo un po' di tempo, i nonni hanno notato che Alessandra era veramente stanca e voleva riposarsi. L'hanno accompagnata nella sua camera. Alessandra prima di tutto voleva farsi un bel bagno dopo il lungo viaggio e l'incredibile cena. È entrata nel bagno e ha notato che il pavimento era bellissimo e di marmo bianco con venature rosa, in più c'era un bidè che di solito non esiste nei bagni americani. Il bidè serve per l'igiene personale ed è molto usato in Italia. Alessandra ha fatto un bel bagno, si è messa a letto e ha dormito per tutta la notte; si è veramente riposata.

Synopsis

An Incredible Dinner. As soon as Alessandra arrived in her grandparents' house the other relatives -- her cousins, aunts and uncles -- came over to greet her and ask her about her life in the United States. In her honor, her grandmother prepared a dinner in a typical Bolognese style, which consisted of several courses from appetizers to a wonderful Italian dessert called "tiramisù." After dinner Alessandra took a nice bath and went to bed because she was exhausted after the long trip.

VOCABULARY

The following terms are useful when talking about meals.

Nouns

l'affetto	*affection*
l'antipasto	*appetizer*
il contorno	*side dish*
il fagiano	*pheasant*
il formaggio	*cheese*
il fungo (del bosco)	*mushroom (wild)*
l'insalata	*salad*
il marmo	*marble*
la melanzana	*eggplant*
il melone	*melon*
il membro	*member*
l'oliva	*olive*
la panna	*cream*
il pavimento	*floor*
i piselli	*peas*
il primo piatto	*first course*
il prosciutto	*Italian ham*
il rispetto	*respect*
la rucola	*garden rocket*
il salame	*salami*
il salmone	*salmon*
la varietà	*variety*
la venatura	*veining*
la zia	*aunt*
lo zio	*uncle*

Verbs

aveva preparato	*had prepared*
esiste	*exists*

farsi il bagno	*to take a bath*
ha compreso	*understood*
hanno fatto domande	*(they) asked questions*
ha mangiato a crepapelle	*ate almost until she burst*
ha notato	*noticed*
rinunciare	*to renounce*
riposarsi	*to rest*
si è messa a letto	*went to bed*
si è riposata	*rested*

Adjectives

affumicato	*smoked*
bianco	*white*
circondato	*surrounded*
grasso	*fat*
incredibile	*incredible*
importante	*important*
misto	*mixed*
sazio	*full*
spettacolare	*spectacular*
stupendo	*wonderful*

Different Expressions

al forno	*baked*
arrosto	*roast*
in seguito	*then*
riguardo	*in regard*

Tape script part 2   (Registrazione della seconda parte)

Listen to the story several times then respond to the questions the best way you can: *(Ascolta la storia molte volte e poi rispondi alle domande nel miglior modo possibile)*

Eccoci di nuovo con Alessandra. *Chi altro è venuto a salutare Alessandra?*

_____

Sì. I suoi parenti sono venuti a salutarla. *Come si è sentita Alessandra?*

_____

Bene. Molto importante. *Perchè si è sentita importante?*

_____

Bene. Nel vedersi circondata dai parenti. *Che cosa ha notato Alessandra?*

_____

Bene. L'affetto e il rispetto tra i membri della famiglia italiana. *Chi le ha fatto domande?*

_____

Sì. Tutti i parenti. *Che domande le hanno fatto?*

_____

Riguardo alla sua vita e famiglia negli Stati Uniti. *Cosa è stata servita a tutti i parenti?*

_____

Sì. Una cena stupenda alla bolognese. *Chi aveva preparato la cena?*

_____

Sì. La nonna. *Per chi e come l'aveva preparata?*

_____

Bene. Per Alessandra con tanto amore. *Che cosa era incredibile?*

_____

Sì. L'antipasto misto. *Che cosa c'era nell'antipasto misto?*

_____

Sì. Prosciutto, salmone affumicato, melanzane, formaggi ect... *In che consisteva il primo piatto?*

_____

Benissimo. Tortellini con panna, funghi e piselli. *Cosa è stato servito per secondo piatto?*

_____

Sì. Fagiano al forno con funghi di bosco. *Che c'era per contorno?*

_____

Sì. Insalata verde con rucola e patate arrosto. *Che vino hanno bevuto?*

_____

Sì. Specialità *Chianti* e *Barolo*. *Che cosa non aveva mai fatto Alessandra?*

_____

Sì. Non aveva mai mangiato così bene. *Come ha mangiato?*

Bene. A crepapelle. *Che significa a crepapelle?*

———————————————————

Sì. Mangiare molto, riempirsi di cibo. *A che cosa non ha potuto rinunciare Alessandra?*

———————————————————

Sì. Al tiramisù preparato dalla nonna. *Che ha compreso molto bene Alessandra?*

———————————————————

Bene. Cosa vuol dire "Bologna la grassa." *Come è stata la cena?*

———————————————————

Sì. Spettacolare. *Che hanno notato i nonni?*

———————————————————

Sì. Che Alessandra era stanca e voleva riposarsi. *Dove l'hanno accompagnata?*

———————————————————

Sì. Alla sua camera. *Cosa voleva fare Alessandra prima di ogni cosa?*

———————————————————

Sì. Voleva farsi un bel bagno. *Che cosa ha notato nel bagno?*

———————————————————

Bene. Che il pavimento era bellissimo. *Di che era fatto?*

———————————————————

Bene. Di marmo bianco con venature rosa. *Che altro ha notato Alessandra?*

———————————————————

Benissimo. Che c'era un bidè. *È comune il bidè nei bagni americani?*

———————————————————

Di solito non esiste. *Per che serve il bidè?*

———————————————————

Sì. Per l'igiene personale. *Gli italiani usano il bidè spesso?*

———————————————————

Sì. Lo usano spesso. *Che cosa ha fatto Alessandra?*

———————————————————

Bene. Ha fatto un bel bagno. *Ha dormito molto?*

———————————————————

Bene. Per tutta la notte. *Si è riposata?*

———————————————————

Si. Si è veramente riposata.

Bene abbiamo finito per adesso,   arrivederci a presto con la prossima lezione.

UNIT XVIII   (Unità XVIII)

Tape script part 1   (Registrazione della prima parte)

La mattina seguente Alessandra si è alzata verso le nove, ha bevuto un bel cappuccino e ha mangiato una pasta. Una colazione leggera anche perchè aveva mangiato molto la sera precedente. La colazione degli Italiani è comunque molto leggera se paragonata a quella degli americani. In Italia di solito la mattina si mangia poco. Gli italiani raramente mangiano uova o salsicce o patate a colazione. Alessandra e i suoi nonni si sono seduti nel giardino e hanno incominciato a parlare di molte cose. Alessandra ha fatto domande sulla storia della città di Bologna. Voleva sapere tutto della città in cui aveva le sue radici. Il nonno le ha detto che la città di Bologna giace tra due piccoli fiumi: il Reno e la Savena, alle falde di colline molto fertili. La sua origine è incerta, l'antichissima *Felsina* venne probabilmente fondata dagli Etruschi. Fu occupata poi dai Galli Boi ed ebbe il nome di *Bononia* da cui deriva l'attuale nome Bologna. Spesso fu assalita dai Barbari e fu insanguinata da fazioni politiche durante il periodo dei Comuni. Ebbe le Signorie dei Bentivoglio e dei Visconti. Nel 1796 divenne la capitale della Repubblica Cispadana e nel 1859 votò di essere annessa al Regno d'Italia. Curiosissima Alessandra ha chiesto in seguito chi fossero i più celebri bolognesi. Il nonno le ha spiegato che Bologna ha una grandissima tradizione culturale e la sua famosa università è la più antica d'Italia. Furono bolognesi il papa Benedetto XIV, il pittore Guido Reni, gli anatomisti Luigi Galvani e Marcello Malpighi nonchè lo scienziato Guglielmo Marconi per menzionare solo i più importanti. Alessandra ha poi chiesto quali sono le caratteristiche del popolo bolognese ed il nonno ha orgogliosamente risposto che Bologna ha una popolazione di circa 400 mila abitanti, e la popolazione bolognese è attiva, coraggiosa, ardente e leale e ha una profonda sensibilità politica. Infine Alessandra ha chiesto quali sono le attività commerciali ed industriali bolognesi. Il nonno ha risposto che la campagna che circonda Bologna è molto fertile con un'agricoltura intensa. Ha poi aggiunto che ci sono pastifici e le famosissime industrie alimentari che producono prosciutti, salami e mortadelle. Non c'è un italiano che non abbia mangiato i prosciutti, i salami o le mortadelle di Bologna.

Synopsis

The City of Bologna. Alessandra woke up around nine and had only a cappuccino and a pastry because Italians do not eat a lot in the morning. She sat with her grandparents in the garden and they talked about Bologna, the city from which her ancestors originated. Her grandfather told her about the history of Bologna, about its university, the oldest in Italy, and about modern Bologna and its economy. He pointed out that Bologna is also famous for its deli products such as prosciutto and different salami.

VOCABULARY

Nouns

l'abitante	*inhabitant*
l'agricoltura	*agriculture*
l'anatomista	*anatomist*
la campagna	*country side*
la capitale	*capital*
la colazione	*breakfast*
il Comune	*municipality*
gli Etruschi	*Etruscans*
la falda	*foot (of the mountain)*
la fazione	*factions*
il fiume	*river*
l'origine	*origin*
il papa	*pope*
la pasta	*pastry*
il pastificio	*"pasta" factory*
il pittore	*painter*
la popolazione	*population*
la radice	*root*
il regno	*kingdom*
la salsiccia	*sausage*
lo scienzato	*scientist*
la sensibilità	*sensibility*
la tradizione	*tradition*
l'uovo	*egg*

94

Verbs

circonda	*surrounds*
deriva	*derives*
essere annessa	*to be annexed*
fu assalita	*was attacked*
fu insanguinata	*was stained with blood*
fu occupata	*was occupied*
giace	*lies*
ha aggiunto	*added*
ha risposto	*answered*
menzionare	*to mention*
producono	*produce*
venne fondata	*was founded*
votò	*voted*

Adjectives

alimentare	*food, alimentary*
antichissimo	*very old*
ardente	*ardent*
attivo	*active*
attuale	*current*
commerciale	*commercial*
coraggioso	*brave*
famosissimo	*very famous*
fertile	*fertile*
incerto	*uncertain*
industriale	*industrial*
intenso	*intense*
leale	*loyal*
leggero	*light*
politico	*political*
precedente	*before, previous*
profondo	*deep*
seguente	*following*

Different Expressions

nonchè	*as well as, let alone*
orgoliosamante	*proudly*
raramente	*rarely*

Tape script part 2 (Registrazione della seconda parte)

Listen to the story several times then respond to the questions the best way you can: *(Ascolta la storia molte volte e poi rispondi alle domande nel miglior modo possibile)*

Ancora alcune domande su Alessandra. *A che ora si è alzata Alessandra?*

_____

Sì. Verso le nove. *Che cosa ha fatto poi?*

_____

Ha bevuto un cappuccino e ha mangiato una pasta. *Perchè ha fatto una colazione leggera?*

_____

Bene. Perchè aveva mangiato molto la sera precedente. *Come è la colazione italiana?*

_____

È molto leggera se paragonata a quella degli americani. *Che cosa mangiano raramente a colazione gli italiani?*

_____

Sì. Le uova o le salsicce o le patate. *Dove si sono seduti Alessandra e i suoi nonni?*

_____

Sì. Si sono seduti nel giardino. *Che hanno fatto?*

_____

Sì. Hanno incominciato a parlare di molte cose. *Che domande ha fatto Alessandra?*

_____

Sì. Sulla storia della città di Bologna. *Che cosa voleva sapere?*

_____

Voleva sapere tutto della città in cui aveva le sue radici. *Dove giace la città di Bologna?*

_____

Sì. Giace tra due piccoli fiumi, alle falde di colline. *Da chi venne fondata Felsina?*

_____

Sì. Dagli Etruschi. *Da chi fu occupata?*

Benissimo. Dai Galli Boi. *Che nome ebbe?*

_____

Sì. Ebbe il nome di Bononia. *Che cosa deriva da Bononia?*

_____

Sì. L'attuale nome Bologna. *Cosa accadde durante il periodo dei Comuni?*

_____

Sì. Fu assalita dai Barbari e insanguinata da fazioni politiche. *Che Signorie ebbe?*

_____

Sì. Dei Bentivoglio e dei Visconti. *Che cosa divenne nel 1796?*

_____

La capitale della repubblica Cispadana. *Quando votò di essere annessa al Regno d'Italia?*

_____

Sì. Nel 1859 votò di essere annessa. *Che cosa ha chiesto in seguito Alessandra?*

_____

Sì. Chi fossero i più celebri bolognesi. *Che cosa ha spiegato il nonno?*

_____

Bene. Che Bologna ha una grandissima tradizione culturale. *Che ha detto dell'università?*

_____

Sì. Che è la più antica d'Italia. *Quali sono i bolognesi più famosi e conosciuti?*

_____

Sì. Il papa Benedetto IV, Guido Reni, Malpighi e Marconi. *Chi era Guglielmo Marconi?*

_____

Sì. Lo scienziato che ha inventato la radio. *Che cosa altro ha chiesto al nonno Alessandra?*

_____

Sì. Le caratteristiche del popolo bolognese. *Quali sono le caratteristiche secondo il nonno?*

_____

Bene. La popolazione bolognese è attiva, coraggiosa, ardente e leale. *Che altro ha il popolo bolognese?*

_____

Bene. Ha una profonda sensibilità politica. *Quanti abitanti ha Bologna?*

_____

Benissimo. Circa 400 mila. *Come è la campagna che circonda Bologna?*

_____

È molto fertile con un'agricoltura intensa. *Quali sono le attività commerciali ed industriali di Bologna?*

Sì. Le industrie della pasta e quelle alimentari. *Che producono le industrie alimentari?*

_____

Sì. Pasta, prosciutti, salami e mortadella. *Che cosa non c'è secondo il nonno?*

_____

Bene. Un italiano che non abbia mangiato un prodotto culinario bolognese.

Bene abbiamo finito per adesso, arrivederci a presto con la prossima lezione.

_____

UNIT   XIX   (Unità XIX)

Tape script part 1   (Registrazione della prima parte)

Alessandra, Federica e Silvia hanno deciso di andare a passare un paio di giorni a Roma. La mattina si sono alzate presto e hanno preso il treno. Hanno preso l'Eurostar il treno più moderno e veloce che esista in Italia. Per andare da Bologna a Roma ci vogliono meno di tre ore con l'Eurostar. Arrivate a Roma alla stazione Termini, hanno telefonato ad un albergo per prenotare una camera. Hanno scelto un albergo nel quartiere Parioli, un quartiere residenziale molto elegante. Per andare in albergo hanno preso un autobus che è passato per via Veneto una via centrale ben conosciuta a Roma per i suoi molti caffè e per il film di Federico Fellini "*La dolce vita*," di cui Alessandra aveva sentito parlare in America. Sono passate anche davanti all'ambasciata americana dove hanno potuto persino vedere i Marines che erano di guardia davanti al colossale cancello dell'ambasciata. Hanno attraversato poi Villa Borghese, un parco pubblico, dove c'è un giardino zoologico, uno dei pochi esistenti in Italia. Infine sono arrivate all'albergo e sono andate all "ufficio registrazione" dove dopo aver presentato un documento d'identità hanno potuto avere le chiavi della camera. Le tre ragazze sono salite in camera e dopo essersi riposate, si sono vestite così elegantemente che sembravano tre dee scese dall'Olimpo. Dalle finestre della loro camera hanno visto che al piano terra, c'era un ristorante pieno di gente che stava mangiando.

Synopsis

Visit to Rome. Alessandra, Federica, and Silvia decided to spend a few days in Rome. They took the fastest and most modern train in Italy called Eurostar, which arrived in Rome in less than three hours. The girls reserved a room in the hotel situated in a very elegant residential area. On the way to the hotel, they passed by "Via Veneto," known for its many cafes and made famous in Federico Fellini's film *La dolce vita*. In addition they saw the American embassy, Villa Borghese - a park with a zoo, one of the few existing in Italy. After having reached their hotel, the three cousins rested for a while. From the window of their room they saw a restaurant on the ground floor full of people eating.

VOCABULARY
The following terms are helpful when talking about famous places in Rome.

Nouns

l'ambasciata	*embassy*
l'autobus	*bus*
il cancello	*gate*
la dea	*goddess*
il documento d'identità	*identification document*
il giardino zoologico	*zoo*
l'Olimpo	*Olympus*
il piano terra	*ground floor*
la via	*street*

Verbs

aveva sentito parlare	*had heard talk*
esiste	*exists*
prenotare	*to reserve*
sono salite	*went up*
si sono vestite	*got dressed*

Adjectives

colossale	*colossal*
esistente	*existing*

Different expressions

essere di guardia	*to be on durty*
infine	*at last*

Tape script part 2 (Registrazione della seconda parte)

Listen to the story several times then respond to the questions the best way you can: *(Ascolta la storia molte volte e poi rispondi alle domande nel miglior modo possibile)*

Eccoci a continuare la storia di Alessandra. *Che cosa hanno deciso le tre cugine?*

_____

Sì. Di andare a passare un paio di giorni a Roma. *A che ora si sono alzate la mattina?*

_____

Bene. Si sono alzate presto. *Perchè si sono alzate presto?*

_____

Bene. Per prendere il treno. *Che treno hanno preso?*

_____

Sì. L'Eurostar. *Che tipo di treno è l'Eurostar?*

_____

Sì. Il treno più moderno e veloce che esista in Italia. *Quante ore ci vogliono per andare da Bologna a Roma con l'Eurostar?*

_____

Sì. Ci vogliono meno di tre ore. *In quale stazione sono arrivate?*

_____

Sì. Alla stazione Termini. *A chi hanno telefonato?*

_____

Sì. Ad un albergo. *Per quale ragione?*

_____

Molto bene. Per prenotare una camera. *In quale quartiere è l'albergo che hanno scelto?*

Sì. Nel quartiere Parioli, un quartiere residenziale. *È un quartiere elegante i Parioli?*

_____

Sì. È molto elegante. *Come sono andate in albergo le tre ragazze?*

_____

Benissimo. Hanno preso un autobus. *Dove è passato l'autobus?*

_____

Sì. Per via Veneto, una via centrale. *Per che cosa è conosciuta via Veneto?*

_____

Sì. Per i suoi molti caffè. *E per quale film di Federico Fellini è famosa?*

_____

Sì. *La dolce vita. Ha visto lei La dolce vita di Fellini?*

_____

Bene. *Alessandra aveva sentito parlare di questo film?*

_____

Oh! Sì, ne aveva sentito parlare in America. *Dove sono passate?*

_____

Sì. Davanti all'ambasciata americana. *Sai dove è l'ambasciata americana?*

_____

Sì. È a via Veneto. *Che cosa hanno visto davanti all'ambasciata?*

_____

Bene. I Marines americani. *Dove erano i Marines?*

_____

Sì. Erano di guardia davanti al colossale cancello. *Che cosa hanno attraversato poi?*

_____

Sì. Villa Borghese, un parco pubblico. *Che cosa c'è a Villa Borghese?*

_____

Sì. Un giardino zoologico. *Ci sono molti giardini zoologici in Italia?*

_____

No. Non ci sono molti giardini zoologici. *Arrivate all'albergo dove sono andate le cugine?*

_____

Bene. Sono andate all'ufficio registrazione. *Che cosa hanno presentato?*

_____

Bene. Un documento d'identità. *Che cosa hanno ricevuto?*

_____

Benissimo. Le chiavi della camera. *Che cosa hanno fatto poi?*

Sono salite in camera e si sono riposate. *Come si sono vestite e che cosa sembravano?*

_____

Sì. Si sono vestite elegantemente e sembravano tre dee. *Scese da dove?*

_____

Sì. Dall'Olimpo. *Che cosa hanno visto dalle finestre della loro camera?*

_____

Bene. Un ristorante pieno di gente. *Dove era il ristorante?*

_____

Sì. Al piano terra. *Che faceva la gente?*

_____

Sì. Stava mangiando.

Bene abbiamo finito per adesso, arrivederci a presto con la prossima lezione.

_____

UNIT   XX   (Unità XX)

Tape script part 1   (Registrazione della prima parte)

Le tre ragazze sono scese al piano terra. Il ristorante era in un piazzale circondato da aiuole piene di fiori e da alberi profumatissimi e da fontane con zampilli d'acqua che uscivano da bocche di animali preistorici e mitici. C'erano sculture in marmo che raffiguravano eroi ed imperatori romani. Per un momento Alessandra, stimolata dalle statue marmoree, ha incominciato ad immaginare la vita degli antichi romani. Si è presentato un cameriere vestito da antico legionario romano e le tre cugine non avendo fatto una prenotazione gli hanno chiesto se fosse possibile pranzare lì. Il cameriere era molto gentile con le affascinanti donne e non riusciva a togliere gli occhi da loro, guardava Alessandra continuamente anche perchè aveva notato in lei un comportamento non tipicamente italiano. Alessandra infatti ad ogni gentilezza del cameriere sorrideva sempre ed acconsentiva. Paolo, questo è il nome del cameriere, era un bel ragazzo piuttosto alto ed aveva capelli ricci un po' lunghi ed in disordine e sembrava proprio un antico romano con un naso non grande ma un po' aquilino. Paolo continuava a guardare Alessandra che   si era accorta che non erano sguardi casuali: non vi era alcun dubbio che Alessandra gli piacesse. Il cameriere le ha comunque accompagnate ad uno dei migliori tavoli   da dove potevano vedere i fiori del giardino ed gli zampilli delle fontane. Il cameriere in seguito ha gentilmente portato loro il menù. Dopo aver guardato un po' il menù, le tre cugine hanno chiesto al cameriere di consigliarle nella scelta dei piatti.

Synopsis

Lunch at a Restaurant. Alessandra and her two cousins decided to go out for dinner. The restaurant they entered was in an open space surrounded by flower beds, trees, and fountains in the shape of pre-historical and mythical animals. There were also marble sculptures that represented Roman heroes and emperors. A young and handsome waiter, by the name of Paolo, dressed like a Roman legionary, found a free table for the girls. He openly showed his interest in Alessandra and she noticed it. The three cousins, after seeing the menu, let the waiter recommend a selection of dishes for them.

VOCABULARY

The following vocabulary is useful when describing people and places.

Nouns

l'aiuola	*flower bed*
l'animale	*animal*
la bocca	*mouth*
il cameriere	*waiter*
il comportamento	*behavior*
il dubbio	*doubt*
l'eroe	*hero*
la gentilezza	*kindness*
l'imperatore	*emperor*
il legionario	*legionary*
il menù	*menu*
il naso	*nose*
il piano terra	*ground floor*
la prenotazione	*reservation*
la scelta	*choice*
la scultura	*sculpture*
il piazzale	*open space*

la statua	*statue*
lo zampillo	*jet, spout*

Verbs

acconsentiva	*(would) give her consent*
consigliar(le)	*recommend (them)*
raffiguravano	*represented*
si è presentato	*presented himself*
si era accorta	*had noticed*
sorrideva	*would smile*

Adjectives

antico	*ancient, old*
affascinante	*charming*
aquilino	*aquiline*
circondato	*surrounded*
gentile	*gentle*
marmoreo	*made of marble*
mitico	*mythical*
casuale	*casual*
preistorico	*pre-historical*
profumatissimo	*very fragrant*
riccio	*curly*
romano	*Roman (adj.)*
stimolato	*excited*

Different Expressions

in disordine	*messy*
piuttosto	*rather*
tipicamente	*typically*

Tape script part 2   (Registrazione della seconda parte)

Listen to the story several times then respond to the questions the best way you can: *(Ascolta la storia molte volte e poi rispondi alle domande nel miglior modo possibile)*

Continuiamo la nostra storia. *Dove sono scese le tre ragazze?*

_____

Sì. Al piano terra. *Dove era il ristorante?*

_____

Bene. Era in un piazzale circondato da aiuole piene di fiori. *Da che altro era circondato il piazzale?*

_____

Bene. Da alberi profumatissimi e da fontane con zampilli di acqua. *Da dove uscivano gli zampilli di acqua?*

_____

Sì. Uscivano da bocche di animali preistorici e mitici. *Che cosa raffiguravano le sculture in marmo?*

_____

Sì. Eroi ed imperatori romani. *Che ha incominciato a fare Alessandra per un momento?*

_____

Sì. Ad immaginare la vita degli antichi romani. *Stimolata da che cosa?*

_____

Sì. Dalle statue marmoree. *Chi si è presentato?*

_____

Sì. Un cameriere. *Come era vestito?*

_____

Molto bene. Da antico legionario romano. *Che cosa gli hanno chiesto le tre cugine?*

_____

Sì. Se fosse possibile pranzare lì. *Perchè?*

_____

Sì. Perchè non avevano una prenotazione. *Come era il cameriere?*

_____

Benissimo. Molto gentile. *Che cosa non riusciva a togliere?*

_____

Sì. Gli occhi da loro. *Chi guardava continuamente?*

_____

Sì. Guardava Alessandra. *Che cosa aveva notato in lei?*

_____

Sì. Un comportamento non tipicamente italiano. *Che cosa faceva Alessandra ad ogni gentilezza del cameriere?*

_____

Bene. Sorrideva sempre ed acconsentiva. *Come era Paolo il cameriere?*

_____

Un bel ragazzo piuttosto alto. *Come erano i suoi capelli?*

_____

Sì. Ricci, un po' lunghi ed in disordine. *Che cosa sembrava Paolo?*

_____

Sì. Un antico romano. *Come era il suo naso?*

_____

Bene. Non grande, ma aquilino. *Di che cosa si era accorta Alessandra?*

_____

Sì. Che Paolo la guardava. *Perchè si era accorta che Paolo la guardava?*

_____

Sì. Perchè non erano sguardi casuali. *Non vi era alcun dubbio di che cosa?*

_____

Sì. Che a Paolo piacesse Alessandra. *Dove le ha accompagnate il cameriere?*

_____

In uno dei migliori tavoli che ci fosse. *Che cosa potevano vedere dal tavolo?*

_____

Bene. I fiori del giardino e gli zampilli delle fontane. *Che cosa ha portato il cameriere?*

_____

Bene. Il menù. *Che cosa hanno fatto le tre cugine dopo aver guardato il menù?*

_____

Benissimo. Hanno chiesto al cameriere di consigliarle nella scelta dei piatti.

Bene abbiamo finito per adesso, arrivederci a presto con la prossima lezione.

UNIT   XXI   (Unità XXI)

Tape script part 1   (Registrazione della prima parte)

Le ragazze non avevano alcun dubbio che il cameriere avrebbe scelto i migliori piatti del giorno per ragioni che noi tutti possiamo immaginare. Come primo piatto il cameriere ha suggerito spaghetti all'amatriciana, una specialità romana; naturalmente gli spaghetti erano fatti in casa. Come secondo piatto il cameriere ha raccomandato saltimbocca alla romana, altra specialità, e per contorno hanno preso spinaci al burro. Hanno bevuto il rinomato vino bianco dei Castelli romani, un vino locale prodotto nei colli che circondano Roma. La frutta fresca di stagione, un dolce squisito ripieno di crema e il caffè hanno completato il pasto romano. Quando il cameriere ha portato il conto, le giovani donne sono rimaste sorprese, tutto costava pochissimo; hanno così deciso di dare una bella mancia a Paolo che durante tutto il pasto è stato cortesissimo. Alessandra ha detto alle cugine che per un tale pranzo a San Francisco avrebbero pagato come minimo il doppio, specialmente per la quantità del vino bevuto. Paolo come spesso fanno parecchi italiani, specialmente quando c'è qualche turista straniero, ha fatto domande ad Alessandra riguardo le prime impressioni che ha avuto di Roma e dell'Italia: le ha chiesto se le fosse piaciuto il pranzo, l'albergo e che cosa pensasse del traffico caotico di Roma. Le ha chiesto anche che cosa pensasse degli Italiani e della cultura italiana. Alessandra, fiera di questa grande attenzione era molto cortese nel rispondere, ed era anche molto contenta di essere lì a Roma, la città eterna. Il giorno dopo sarebbero andate prima al Colosseo, poi a vedere la chiesa di San Pietro e la Cappella sistina. Prima di lasciare il ristorante Alessandra ha chiesto a Silvia di fare una foto a lei e Paolo insieme. I due si sono avvicinati e Paolo ha messo la mano sulla spalla di Alessandra e Silvia ha scattato la foto. Alessandra ha promesso a Paolo di mandargli la foto. Paolo felicissimo ha salutato le ragazze con un inchino da vero e proprio gentiluomo.

Synopsis

Visit to Roma. The waiter selected a typical Roman meal and a known local wine for the three girls. The bill for the lunch was rather low, and the girls left a generous tip for the waiter. The waiter noticed that Alessandra was American, and he proceeded to ask her about her impressions of Rome and Italy. She replied that she was happy to be in Rome, and that the next day they planned on seeing the Colosseum, Saint Peter's church, and the

Sistine Chapel. Before they left the restaurant, Silvia took a picture of Alessandra and the waiter. Alessandra promised to send him the photograph.

VOCABULARY

The following terms are helpful when talking about Italian cuisine.

Nouns

l'albergo	*hotel*
il burro	*butter*
il colle	*hill*
il conto	*bill*
la crema	*cream*
il dolce	*dessert*
il doppio	*double*
la frutta	*fruit*
il gentiluomo	*gentleman*
l'impressione	*impression*
l'inchino	*bow*
la mancia	*tip*
la mano	*hand*
la quantità	*quantity*
il saltimbocca alla romana	*Roman style dish (with meat)*
la spalla	*shoulder*
gli spaghetti all'amatriciana	*spaghetti with cheese and bacon sauce*
gli spinaci	*spinach*
il turista	*tourist*
il traffico	*traffic*

Verbs

costava	*cost*
fare una foto	*to take a picture*
ha messo	*put*
ha raccomandato	*recommended*

ha scattato la foto	*took a picture*
ha suggerito	*suggested*
si sono avvicinati	*got close*

Adjectives

caotico	*chaotic*
cortese	*kind*
eterno	*eternal*
fiero	*proud*
fresco	*fresh*
locale	*local*
rinomato	*famous*
ripieno	*filled up, stuffed*
straniero	*foreign*

Different Expressions

di stagione	*seasonal*
fatto in casa	*homemade*
insieme	*together*

Tape script part 2   (Registrazione della seconda parte)

Listen to the story several times then respond to the questions the best way you can: *(Ascolta la storia molte volte e poi rispondi alle domande nel miglior modo possibile)*

Eccoci di nuovo con la nostra storia. *Di che cosa non dubitavano le ragazze?*

_____

Sì. Che il cameriere avrebbe scelto i migliori piatti del giorno. *Che ha suggerito il cameriere come primo piatto?*

_____

Bene. Ha suggerito spaghetti all'amatriciana, una specialità romana. *Dove erano fatti gli spaghetti?*

Bene. Erano fatti in casa. *Come secondo, che ha raccomandato il cameriere?*

_____

Sì. Saltimbocca alla romana. *Che cosa hanno preso per contorno?*

_____

Sì. Spinaci al burro. *Che hanno bevuto?*

_____

Sì. Il rinomato vino bianco dei Castelli. *Che vino è il vino dei Castelli?*

_____

Sì. È un vino locale prodotto nei colli che circondano Roma. *Che altro hanno mangiato?*

_____

Sì. Frutta fresca. *Che cosa altro ha completato il pasto?*

_____

Molto bene. Un dolce ripieno di crema ed il caffè. *Perchè le giovani donne sono rimaste sorprese?*

_____

Sì. Perchè tutto costava pochissimo. *Che hanno deciso poi?*

_____

Sì. Di dare una bella mancia a Paolo. *Come è stato Paolo durante tutto il pasto?*

_____

Benissimo. È stato cortesissimo. *Che cosa ha detto Alessandra alle cugine?*

_____

Sì. Che a San Francisco per un tale pranzo avrebbero pagato il doppio. *Perchè?*

_____

Sì. A causa della quantità del vino bevuto. *Che cosa ha fatto Paolo?*

_____

Sì. Ha fatto domande ad Alessandra. *Che cosa le ha chiesto?*

_____

Bene. Le prime impressioni che ha avuto di Roma e dell'Italia. *Che altro le ha chiesto?*

_____

Se le fosse piaciuto il pranzo e l'albergo. *Che altro le ha chiesto?*

_____

Sì. Cosa pensasse del traffico caotico di Roma, degli italiani e della cultura italiana. *Come era Alessandra nel rispondere?*

_____

Sì. Era molto cortese nel rispondere. *Di che cosa altro era contenta?*

Bene. Di essere a Roma, la città eterna. *Dove sarebbero andate il giorno dopo?*

_____

Sì. Al Colosseo, e poi a vedere la chiesa di San Pietro e la Cappella sistina. *Che ha chiesto Alessandra a Silvia prima di lasciare il ristorante?*

_____

Sì. Di fare una foto a lei ed a Paolo, insieme. *Che cosa hanno fatto Paolo e Alessandra?*

_____

Sì. Si sono avvicinati. *Che cosa ha fatto Paolo?*

_____

Ha messo la mano sulla spalla di Alessandra. *E Silvia cosa ha fatto?*

_____

Bene. Ha scattato la foto. *Che cosa ha promesso Alessandra?*

_____

Bene. Di mandargli la foto. *Che cosa ha fatto Paolo?*

_____

Benissimo. Ha salutato le ragazze con un inchino. *In che modo?*

_____

Sì. Da vero e proprio gentiluomo.

Bene abbiamo finito per adesso, arrivederci a presto con la prossima lezione.

_____

UNIT   XXII   (Unità XXII)

Tape script part 1   (Registrazione della prima parte)

Alessandra e le cugine hanno passato una bellissima serata a Roma. Il giorno dopo, Alessandra si è svegliata ai fantastici rumori ed odori della città eterna. I primi raggi di sole penetravano attraverso le persiane verdi della finestra della camera d'albergo mentre il suono dei clacson ed il rumore delle automobili e degli autobus che sfrecciavano nelle strade sotto l'albergo creavano un'atmosfera quasi surreale. L'inconfondibile aroma del caffè appena fatto e delle paste appena sfornate era una presenza che catturava il senso dell'olfatto. Le voci delle persone giù nella strada, nei bar e nelle cucine delle case vicine rimbalzavano nelle orecchie di Alessandra quasi per svegliarla. Tutto questo diceva ad

Alessandra che sarebbe stato un giorno meraviglioso, memorabile. Alessandra, Federica e Silvia dopo essersi vestite, sono scese giù. Federica e Silvia erano molto premurose e vicine alla cugina americana, e continuavano ad ammirarla e non riuscivano a toglierle gli occhi da dosso facendole notare come le stavano bene i blue jeans e dicendole che in Italia costavano molto. Dopo aver fatto colazione, latte e caffè con paste e biscotti, e un succo di frutta alla pera, le tre cugine hanno deciso di fare una bella passeggiata. Hanno iniziato a passeggiare lungo Viale degli Aranci, una strada alberata del quartiere Parioli. La strada era fiancheggiata da negozi, boutiques, caffè, e mercatini e gente che si affrettava a fare la spesa. Alessandra scortata dalle due cugine, preceduta e seguita da una moltitudine di gente si sentiva veramente immersa nella vera vita italiana. In seguito sono giunte in una bellissima piazza dove c'era un mercato di frutta all'aperto. Alessandra è stata colpita dalla vista di tanta frutta e verdura e dal profumo che essa emanava. Pesche, meloni, prugne, uva, pere, mele, fragole, zucchini, spinaci, melanzane, ed ogni ben di Dio.

Synopsis

Taking a Walk in Rome. After having a nice evening Alessandra woke up to the sound of car horns and noise from the traffic on the streets below the hotel. The aroma of fresh coffee and pastries contributed to her awakening. After having breakfast that consisted of milk and coffee, pastries and biscuits, and pear juice, the three girls took a walk along a street full of stores, boutiques, and cafes. Accompanied by her cousins and surrounded by a mass of people, Alessandra felt truly immersed in the Italian way of life. The girls came across an open market and Alessandra was impressed by the quantity and quality of fruits and vegetables.

VOCABULARY

The following words refer to a typical Italian breakfast and to the various fruits and vegetables to be found at an Italian open market.

Nouns

l'aroma	*aroma, smell*
l'atmosfera	*atmosphere*
il biscotto	*biscuit*
la fragola	*strawberry*

112

il latte	*milk*
la mela	*apple*
la melanzana	*eggplant*
il melone	*melon*
il mercatino	*street market*
il mercato all'aperto	*open market*
la moltitudine	*moltitude*
l'olfatto	*sense of smell*
la pera	*pear*
le persiane di legno	*wooden shutters*
la pesca	*peach*
la presenza	*presence*
la prugna	*plum*
il rumore	*noise*
il senso	*sense*
la serata	*evening*
gli spinaci	*spinach*
il succo di frutta alla pera	*pear juice*
il suono	*sound*
l'uva	*grapes*
la verdura	*vegetables*

Verbs

si affrettava	*rushed*
catturava	*captured*
continuavano ad ammirarla	*continued to admire her*
creavano	*created*
emanava	*gave out*
facendole notare	*making her notice*
fare una passeggiata	*to take a walk*
penetravano	*penetrated*
rimbalzavano	*rebounded*
sfrecciavano	*whizzed*
sono giunte	*arrived*

toglierle gli occhi da dosso   *taking their eyes off her*

Adjectives

alberato	*full of trees*
fantastico	*fantastic*
immerso	*immersed*
inconfondibile	*unmistakable*
memorabile	*memorable*
meraviglioso	*marvelous*
preceduto	*preceded*
premuroso	*attentive*
profumato	*fragrant*
scortato	*escorted*
sfornato	*taken out of the oven*
surreale	*surreal*

Different Expressions

giù	*down*
ogni nen di Dio	*a lot of everything*
veramente	*truly*

Tape script part 2   (Registrazione della seconda parte)

Listen to the story several times then respond to the questions the best way you can: *(Ascolta la storia molte volte e poi rispondi alle domande nel miglior modo possibile)*

Eccoci con Alessandra a Roma. *Che cosa hanno passato Alessandra e le due cugine?*

_____

Sì. Una bellissima serata a Roma. *A che cosa si è svegliata Alessandra?*

_____

Bene. Ai fantastici rumori ed odori della città eterna. *Dove penetravano i primi raggi di sole?*

Sì. Attraverso le persiane della finestra. *Di che colore erano le persiane?*

_____

Sì. Erano verdi. *Che cosa creavano il suono dei clacson ed il rumore delle automobili e degli autobus?*

_____

Sì. Creavano un'atmosfera quasi surreale. *Dove sfrecciavano le automobili e gli autobus?*

_____

Sì. Sfrecciavano nelle strade sotto l'albergo. *Quale presenza catturava il senso dell'olfatto?*

_____

Sì. L'aroma del caffè appena fatto e delle paste appena sfornate. *Come era quest'aroma?*

_____

Sì. Inconfondibile. *Dove erano le voci delle persone?*

_____

Molto bene. Giù nella strada, nei bar, e nelle cucine delle case vicine. *Dove rimbalzavano?*

_____

Sì. Nelle orecchie di Alessandra. *Con quale effetto rimbalzavano?*

_____

Sì. Quasi per svegliarla. *Che cosa diceva tutto questo ad Alessandra?*

_____

Benissimo. Che sarebbe stato un giorno meraviglioso, memorabile. *Quando sono scese giù le tre cugine?*

_____

Sì. Dopo essersi vestite. *Come erano Federica e Silvia?*

_____

Sì. Premurose e vicine alla cugina americana. *Che cosa continuavano a fare?*

_____

Sì. Ad ammirarla. *Che cosa altro facevano?*

_____

Bene. Non riuscivano a toglierle gli occhi da dosso. *Che le facevano notare?*

_____

Sì. Come le stavano bene i blue jeans. *Dopo aver fatto colazione che cosa hanno deciso di fare?*

_____

Sì. Hanno deciso di fare una bella passeggiata. *Che hanno mangiato a colazione?*

Bene. Latte e caffè con paste e biscotti. *Che succo di frutta hanno bevuto?*

_____

Sì. Un succo di frutta alla pera. *Dove hanno iniziato a passeggiare?*

_____

Sì. Lungo Viale degli Aranci. *Come è Viale degli Aranci?*

_____

Sì. Una strada alberata. *E dove è?*

_____

Esattamente. Nel quartiere Parioli. *Da che era fiancheggiata la strada?*

_____

Bene. Da negozi, boutiques, caffè e mercatini. *E cosa faceva la gente?*

_____

Bene. Si affrettava a fare la spesa. *Dove si sentiva immersa Alessandra?*

_____

Benissimo. Nella vera vita italiana. *Da chi era scortata Alessandra?*

_____

Sì. Dalle due cugine. *E da chi era preceduta e seguita?*

_____

Esattamente. Da una moltitudine di gente. *Dove sono giunte in seguito?*

_____

Bene. In una bellissima piazza. *Cosa c'era nella piazza?*

_____

Bene. Un mercato di frutta all'aperto. *Da che è stata colpita Alessandra?*

_____

Benissimo. Dalla vista di tanta frutta e verdura. *E da che altro è stata colpita?*

_____

Sì. Dal profumo che essa emanava. *Che tipi di frutta e verdura c'erano?*

_____

Sì. Pesche, pere, meloni, prugne, uva, mele, fragole, zucchini, spinaci, melanzane, ecc...

Bene abbiamo finito per adesso, arrivederci a presto con la prossima lezione.

UNIT XXIII (Unità XXIII)

Tape script part 1 (Registrazione della prima parte)

Alessandra si è fermata davanti ad un negozio di articoli di rame e di ottone. Ha fatto un cenno con la mano a Federica di avvicinarsi. Alessandra era stata attratta da un piccolo candelabro di rame, intarsiato e molto bello. Pensava infatti di comprarne tre o quattro da portare negli Stati Uniti e regalarli ad amici e parenti. Alessandra ha mostrato il candelabro a Federica e poi a Silvia le quali hanno detto che era un pezzo di artigianato locale molto carino, ideale per fare un regalo. Alessandra ha chiesto al venditore quanto costava il candelabro e poi ha detto che ne avrebbe comprati quattro. Il venditore le ha risposto che le avrebbe fatto uno sconto del 10% dato che ne comprava quattro. In tutto Alessandra ha pagato 55 euro, ed è rimasta soddisfatta dell'acquisto. In seguito le giovani donne si sono fermate in un ristorante all'aperto e hanno deciso di mangiare una pizza e bere un bicchiere di birra. Hanno ordinato una pizza con mozzarella, olive, funghi e prosciutto. Hanno parlato a lungo delle loro avventure personali e Silvia ha fatto molte domande sui ragazzi americani e su come si divertono i giovani in America. Alessandra ha risposto apertamente, e curiosissima, anche lei ha fatto domande alle cugine sui ragazzi italiani e sul loro comportamento. Federica ha fatto subito notare ad Alessandra che i ragazzi italiani quando sono attratti da una donna, le fanno subito molti complimenti, la guardano assiduamente, e spesso la seguono per strada. Naturalmente questo comportamento molto trasparente è accettato nella cultura italiana e non presenta alcun rischio e pericolo. Alessandra si è ricordata subito del comportamento di Paolo il cameriere del giorno precedente. Mentre parlavano, si sono subito accorte che un paio di giovani gironzolavano intorno a loro ed aspettavano l'occasione per iniziare una conversazione. Alessandra era un po' sorpresa ma le cugine continuavano a parlare e ridere contente e per niente allarmate. Hanno poi pagato il conto e si sono avviate alla fermata dell'autobus per andare al Colosseo.

Synopsis

Shopping and Lunch. Alessandra stopped at a store with local crafts made out of copper and brass. She bought four small candelabras as gifts for her friends and relatives in the United States. The salesman gave her a discount of 10%, which made her happy. After the three girls stopped at a restaurant, had a pizza and a glass of beer. They talked about guys, and Federica mentioned to Alessandra that Italian young men are openly flirtatious, and that they frequently follow the girl they like down the street. This is considered acceptable behavior in Italian culture. While eating they noticed a couple of guys trying to initiate a conversation with them. The girls ignored them and after having paid the bill they headed toward a bus station in order to visit the Colosseum.

VOCABULARY

The following terms are helpful when shopping in Italy and when discussing cultural differences between Italy and the United States

Nouns

l'acquisto	*purchase*
l'articolo	*item*
l'artigianato	*handicraft*
l'avventura	*adventure*
la birra	*beer*
il candelabro	*candelabra*
il cenno	*gesture, sign*
il comportamento	*behavior*
la donna	*woman*
la fermata	*stop*
l'ottone	*brass*
il pericolo	*danger*
il pezzo	*piece*
il rame	*copper*
il rischio	*risk*
lo sconto	*discount*
il venditore	*vendor, salesman*

Verbs

era stata attratta	*had been attracted*
fanno complimenti	*pay compliments*
(lo) ha mostrato	*showed (it)*
gironzolavano	*were hanging around*

seguono	*follow*
si sono accorte	*noticed*

Adjectives

accettato	*accepted*
attratto	*attracted*
carino	*pretty*
curiosissima	*very curious*
ideale	*ideal*
intarsiato	*inlaid*
locale	*local*
precedente	*preceding*
soddisfatto	*satisfied, happy*
sorpreso	*surprised*
trasparente	*transparent*

Different Expressions

apertamente	*openly*
assiduamente	*assiduously*
subito	at once

Tape script part 2   (Registrazione della seconda parte)

Listen to the story several times then respond to the questions the best way you can: *(Ascolta la storia molte volte e poi rispondi alle domande nel miglior modo possibile)*

Eccoci di nuovo a fare un po' di domande. *Dove si è fermata Alessandra?*

_____

Sì. Davanti ad un negozio di articoli di rame e di ottone. *Che ha fatto Alessandra?*

_____

Bene. Un cenno con la mano a Federica. *Che cosa le ha accennato?*

Sì. Di avvicinarsi. *Da che cosa era stata attratta Alessandra?*

_____

Sì. Da un piccolo candelabro di rame. *Come era il candelabro?*

_____

Sì. Intarsiato e molto bello. *Che cosa aveva pensato Alessandra?*

_____

Sì. Di comprarne tre o quattro. *Per fare che cosa?*

_____

Sì. Per regalarli ad amici e parenti. *A chi ha mostrato il candelabro?*

_____

Sì. A Federica e poi a Silvia. *Che hanno detto Federica e Silvia?*

_____

Molto bene. Che era un pezzo di artigianato locale. *Che altro hanno detto Silvia e Federica?*

_____

Sì. Che era molto carino, ideale per fare un regalo. *Che ha chiesto Alessandra al venditore?*

_____

Sì. Quanto costava il candelabro e che ne avrebbe comprati quattro. *Che le ha risposto il venditore?*

_____

Benissimo. Che le avrebbe fatto uno sconto del dieci per cento. *Perchè le avrebbe fatto lo sconto del 10%?*

_____

Sì. Perchè ne avrebbe comprati quattro. *Quanto ha pagato in tutto Alessandra?*

_____

Sì. Cinquantacinque euro. *Come è rimasta Alessandra?*

_____

Sì. Soddisfatta dell'acquisto. *Dove si sono fermate le giovani donne?*

_____

Bene. In un ristorante all'aperto. *Per fare che cosa?*

_____

Sì. Per mangiare una pizza e bere un bicchiere di birra. *Che hanno ordinato?*

_____

Sì. Una pizza con mozzarella, funghi, olive e prosciutto. *Di che hanno parlato a lungo?*

_____

Sì. Delle loro avventure personali. *Che domande ha fatto Silvia?*

Bene. Sui ragazzi americani e su come si divertono i giovani in America. *Come ha risposto Alessandra?*

_____

Sì. Apertamente. *E curiosissima che ha chiesto lei alle cugine?*

_____

Sì. Sui ragazzi italiani e sul loro comportamento. *Che ha fatto notare Federica alla cugina?*

_____

Sì. Che i ragazzi italiani quando sono attratti da una donna, le fanno subito complimenti. *E che altro fanno?*

_____

Esattamente. La guardano assiduamente e spesso la seguono per strada. *È accettato questo comportamento nella cultura italiana?*

_____

Bene. È accettato e non presenta alcun rischio e pericolo. *Di che cosa si è ricordata Alessandra?*

_____

Bene. Del comportamento di Paolo, il cameriere del giorno precedente. *Di che si sono accorte le ragazze mentre parlavano?*

_____

Benissimo. Che un paio di giovani gironzolavano intorno a loro. *Che cosa significa "gironzolare"?*

_____

Sì. Andare in giro senza meta. *E che cosa aspettavano?*

_____

Esattamente. L'occasione per iniziare una conversazione. *Come era Alessandra?*

_____

Bene. Un po' sorpresa. *E le cugine che cosa facevano e come erano?*

_____

Bene. Continuavano a parlare e ridere ed erano contente. *Erano allarmate?*

_____

Benissimo. Per niente allarmate. *Che cosa hanno fatto poi?*

_____

Sì. Hanno pagato il conto. *E poi dove sono andate?*

_____

Sì. Si sono avviate alla fermata dell'autobus. *Dove le avrebbe portate l'autobus?*

Sì. Al Colosseo.

Bene abbiamo finito per adesso, arrivederci a presto con la prossima lezione.

UNIT XXIV (Unità XXIV)

Tape script part 1 (Registrazione della prima parte)

Il Colosseo o Anfiteatro Flavio, fu eretto dall'imperatore Flavio Vespasiano. Venne poi completato dall'imperatore Tito, figlio di Vespasiano il quale lo inaugurò con spettacoli di combattimenti di gladiatori che durarono per ben 100 giorni. L'anfiteatro Flavio dall'ottavo secolo in poi fu chiamato Colosseo a causa di una statua colossale di Nerone che sorgeva nelle vicinanze dell'anfiteatro. Il Colosseo è il simbolo di Roma e Alessandra non riusciva a credere ai suoi occhi davanti a questo monumento simbolo della romanità. Il Colosseo consta di quattro ordini architettonici sovrapposti: toscano, ionico, corinzio e composito. Comprendeva ottanta file di gradini e giunse a contenere fino a 90 mila persone. Ha un perimetro di 527 metri ed un'altezza di 50 metri. Alessandra ha scattato delle foto, e per di più, si è fatta fare una foto con un uomo vestito da gladiatore. A Roma quel giorno era molto caldo e Alessandra non riusciva a credere quanti turisti fossero lì a visitare il Colosseo. Le tre ragazze hanno poi preso il 64, l'autobus che le ha portate alla basilica di San Pietro, il simbolo della cristianità. Alessandra aveva sentito parlare molto di questa chiesa, dedicata a Pietro, il principe degli Apostoli ed eretta da Costantino nel 319 dove sorgeva una cappella sul sepolcro del santo. La basilica nel corso dei secoli ha subito continue modificazioni. Molti famosi architetti, pittori e scultori hanno contribuito allo splendore e alla grandezza di questa chiesa. Basta ricordare, fra i tanti, Bramante, Raffaello, Peruzzi, Michelangelo, Vignola e Fontana. La cupola di Michelangelo è alta 132 metri ed ha un diametro di 42 metri. La basilica è lunga 186 metri e larga 137. Appena entrata nella basilica, Alessandra ha ammirato la "Pietà" di Michelangelo ed è rimasta stupita da tanta arte e bellezza. Sembrava ai suoi occhi che questa chiesa fosse sorta per miracolo e grazia divina. Le tre ragazze sono salite sulla cupola ed hanno potuto ammirare lo stupendo panorama romano. In seguito sono andate alla Cappella sistina, altro capolavoro michelangiolesco. Più tardi le tre ragazze sono andate alla Fontana di Trevi dove Alessandra ha lanciato la monetina nella speranza di ritornare a Roma. La gita romana si è conclusa felicemente ed Alessandra ha visto in Roma la grandezza e l'orgoglio della cultura italiana.

Synopsis

Landmarks of Rome. Alessandra and her cousins first visited the Colosseum, the symbol of Rome. They found out that this amphitheater could accommodate ninety thousand people. Its enormous structure measures 527 meters in perimeter and 50 meters in height. After visiting the Colosseum the three girls went to Saint Peter's basilica, which was built in 319 by Constantine. In the course of centuries it underwent numerous alterations. Alessandra was especially struck by Michelangelo's "Pietà," which she found to be very beautiful. The next stop was Trevi Fountain in which Alessandra threw a coin as an assurance that she will return to Rome one day.

VOCABULARY

The following vocabulary helps you talk about the most important historical sights of Rome.

Nouns

l'anfiteatro	*amphitheater*
l'apostolo	*apostle*
l'architetto	*architect*
la basilica	*basilica*
il capolavoro	*masterpiece*
la cappella	*chapel*
il combattimento	*fight*
il corso	*space of time*
la cupola	*dome*
la cristianità	*christianity*
la fila	*row*
Gesù	*Jesus*
la gita	*tour*
il gladiatore	*gladiator*
il gradino	*step*

la grandezza	*greatness*
la grazia	*grace*
l'imperatore	*emperor*
il miracolo	*miracle*
la monetina	*coin*
l'ordine	*style*
il perimetro	*perimeter*
il pittore	*painter*
il santo	*saint*
lo scultore	*sculptor*
il secolo	*century*
il sepolcro	*tomb*
il simbolo	*symbol*
lo spettacolo	*spectacle, show*
lo splendore	*splendor*
la vicinanza	*proximity*

Verbs

comprendeva	*included*
contenere	*to hold*
consta	*consists*
durarono	*lasted*
fosse sorta	*had risen*
giunse a contenere	*could hold*
ha ammirato	*admired*
hanno contribuito	*contributed*
ha lanciato	*threw*
ha subito	*underwent*
inaugurò	*inaugurated*
si è conclusa	*ended*
sorgeva	*arose*
venne completato	*was completed*

Adjectives

architettonico	*architectural*
composito	*composite*
continuo	*continuos*
corinzio	*Corinthian*
divino	*divine*
eretto	*erected*
ionico	*Ionic*
sovrapposto	*superimposed*
stupendo	*magnificent*
toscano	*Tuscan*

Different Expressions

in seguito	*then, later on*
ottavo	*eighth*

Tape script part 2   (Registrazione della seconda parte)

Listen to the story several times then respond to the questions the best way you can: *(Ascolta la storia molte volte e poi rispondi alle domande nel miglior modo possibile)*

Eccoci a parlare un po' di Roma. *Dove sono arrivate le tre cugine?*

_____

Sì. Al Colosseo. *Da chi fu eretto?*

_____

Bene. Dall'imperatore Flavio Vespasiano. *Da chi fu completato?*

_____

Sì. Fu completato dall'imperatore Tito. *Chi era Tito?*

_____

Sì. Figlio di Vespasiano. *Come fu inaugurato il Colosseo?*

_____

Sì. Con spettacoli di combattimenti di gladiatori. *Quanto tempo durarono gli spettacoli?*

Sì. Ben cento giorni. *Perchè l'anfiteatro Flavio fu chiamato Colosseo?*

_____

Sì. A causa di una statua colossale di Nerone che sorgeva nelle vicinanze. *Quando si iniziò a chiamarlo Colosseo?*

_____

Sì. Dall'ottavo secolo in poi. *Che cosa è il Colosseo?*

_____

Molto bene. È il simbolo di Roma. *A che cosa non riusciva a credere Alessandra?*

_____

Sì. Ai suoi occhi, davanti a questo colossale monumento. *Quanti ordini architettonici ci sono nel Colosseo?*

_____

Sì. Quattro ordini architettonici sovrapposti. *Quali sono?*

_____

Benissimo. Toscano, ionico, corinzio e composito. *Quante file di gradini comprendeva?*

_____

Sì. Ottanta file. *E quanti spettatori?*

_____

Sì. Novantamila persone. *Quanto è lungo il perimetro del Colosseo?*

_____

Sì. Cinquecento ventisette metri. *Quanto è alto il Colosseo?*

_____

Bene. Cinquanta metri. *Che cosa si è fatta fare Alessandra?*

_____

Sì. Una foto con un uomo vestito da gladiatore. *Come era la temperatura quel giorno a Roma?*

_____

Sì. Era molto caldo. *Che cosa non riusciva a credere Alessandra?*

_____

Sì. Quanti turisti fossero lì a visitare il Colosseo. *Che autobus hanno preso le ragazze?*

_____

Bene. Il sessantaquattro. *Dove le ha portate?*

_____

Sì. Alla basilica di San Pietro. *Che cosa è la basilica di San Pietro?*

_____

Sì. Il simbolo della cristianità. *Di che aveva sentito parlare Alessandra?*

Sì. Aveva sentito parlare di questa chiesa. *A chi è dedicata questa chiesa?*

_____

Esattamente. All'apostolo di Gesù, Pietro. *Da chi fu eretta?*

_____

Bene. Da Costantino nel 319. *Dove fu costruita?*

_____

Bene. Dove sorgeva una Cappella sul sepolcro del santo. *Che cosa ha subito la basilica nel corso dei secoli?*

_____

Sì. Continue modificazioni. *Chi ha contribuito allo splendore e grandezza di questa chiesa?*

_____

Sì. Molti famosi architetti, pittori e scultori. *Chi bisogna ricordare?*

_____

Esattamente. Bramante, Raffaello, Michelangelo, Vignola. *Quanto è alta la cupola di Michelangelo e che diametro ha?*

_____

Bene. È alta 132 metri e ha un diametro di 42 metri. *Quanto è lunga e quanto è larga la basilica?*

_____

Benissimo. La basilica è lunga 186 metri ed è larga 137 metri. *Come è rimasta Alessandra appena è entrata nella basilica?*

_____

Benissimo. È rimasta stupita da tanta arte e bellezza. *Che le sembrava?*

_____

Sì. Che fosse sorta per miracolo e grazia divina. *Che hanno fatto poi le tre ragazze?*

_____

Sì. Sono salite sulla cupola. *Che hanno ammirato?*

_____

Sì. Lo stupendo panorama romano. *In seguito dove sono andate?*

_____

Bene. Alla Cappella sistina. *Che cosa è la Cappella sistina?*

_____

Bene. Un'altro capolavoro michelangiolesco. *Dove sono andate più tardi le tre ragazze?*

_____

Benissimo. Alla Fontana di Trevi. *Che cosa ha fatto Alessandra alla Fontana di Trevi?*

Sì. Ha lanciato la monetina. *Perchè?*

_____

Sì. Nella speranza di ritornare a Roma. *Come si è conclusa la gita romana?*

_____

Sì. Felicemente. *Che cosa ha visto Alessandra in Roma?*

_____

Bene. La grandezza e l'orgoglio della cultura italiana.

Bene abbiamo finito per adesso, arrivederci a presto con la prossima lezione.

_____

UNIT XXV   (Unità XXV)

Tape script part 1   (Registrazione della prima parte)

Contentissime dell'esperienza romana le tre cugine sono ritornate a Bologna dai nonni. Una sera, Alessandra è stata invitata in una casa vicina a quella dei nonni da Giancarlo un caro amico di Silvia. Giancarlo dava una festa e aveva invitato altri ragazzi e ragazze per ascoltare un po' di musica. Lui è venuto a prendere Alessandra e Silvia, che avevano appena finito di mangiare. Le ragazze si erano elegantemente vestite per la festa. Alessandra indossava una mini gonna rossa e una camicetta di seta bianca che i nonni le avevano regalato e che avevano comprato in una boutique di Bologna. Silvia portava blue jeans attillati che le aveva regalato Alessandra e una camicetta celeste bellissima. Giancarlo appena viste le ragazze così ben vestite, è rimasto senza fiato. Non riusciva a distogliere lo sguardo dalle bellissime e perfette gambe di Alessandra. Alessandra non solo era bella, aveva anche una personalità distinta e raffinata ed un sorriso incantevole. Silvia era affascinante e seducente da far innamorare qualsiasi ragazzo di Bologna. Le due ragazze hanno salutato i nonni e gli hanno detto che sarebbero andate ad una festa a casa di Giancarlo lì vicino, poi si sono unite a Giancarlo e si sono avviate verso la casa. Giancarlo ha subito presentato loro Marco, Pina, Mario, Angela, Enzo, Luisa, Carlo e Dino e molti altri ragazzi e ragazze. Tutti sono stati gentili ed ospitali con Alessandra. Alcuni già conoscevano Silvia. Alessandra è stata subito circondata e rispondeva come meglio poteva alle varie domande. Naturalmente tutti sono rimasti colpiti dalla perfetta conoscenza che

Alessandra aveva dell'italiano. Ha dovuto rispondere più volte alla stessa domanda: "dove hai studiato l'italiano"? E l'università della California a Berkeley, già ben conosciuta dagli studenti bolognesi per via del programma che tale università ha a Bologna, era ormai sulla bocca di tutti. Alessandra, come pure Silvia, avevano anche notato che alcuni ragazzi, più che ascoltare la musica, avevano in mente di conoscerle meglio, istintivamente attratti dalla loro bellezza. Sono infatti state invitate ad uscire il giorno dopo e ad andare al mare a Rimini. Qualcuno si è persino offerto di portarle a fare un'escursione a San Marino. Giancarlo era piuttosto nervoso, turbato dalla bellezza di Alessandra e da tutti i ragazzi che continuamente cercavano di richiamare l'attenzione di lei. Alessandra aveva la difficoltà della scelta mentre si sentiva ammirata come una dea. Che esperienza dolcissima!

Synopsis

At a Party. Alessandra and Silvia were invited to the party given by Giancarlo, a good friend of Silvia's and a neighbor of her grandparents. The girls put on their elegant outfits and they both looked very pretty. Giancarlo introduced Alessandra to his friends and everyone was kind and hospitable to her. They were surprised how well she spoke Italian, and she told them that she had learned it at the University of California in Berkeley, which has a program in Bologna. The two cousins were invited to go to the beach in Rimini the next day, and someone even offered to take them to San Marino. All the guys were seeking Alessandra's attention. It was a nice experience for her.

VOCABULARY

The following terms are helpful when describing people.

Nouns

la camicetta	*blouse*
l'escursione	*excursion*
il fiato	*breath*
la gamba	*leg*
la mini gonna	*mini skirt*

Verbs

avevano in mente	*had in mind*
dava una festa	*was giving a party*
distogliere lo sguardo	*to look away*
è stata invitata	*was invited*
è stata circondata	*was surrounded*
indossava	*was wearing*
si sono unite	*joined*

Adjectives

affascinante	*charming*
attillato	*tight*
celeste	*azure*
distinto	*distinguished*
dolcissimo	*very sweet*
femminile	*feminine*
ospitale	*hospitable*
raffinato	*sophisticated*
seducente	*attractive*
turbato	*troubled*

Different Expressions

istintivamente	*instinctively*
qualsiasi	*any*

Tape script part 2 (Registrazione della seconda parte)

Listen to the story several times then respond to the questions the best way you can: *(Ascolta la storia molte volte e poi rispondi alle domande nel miglior modo possibile)*

Eccoci di nuovo a Bologna con Alessandra. *Come sono rimaste le ragazze dopo l'esperienza romana?*

Sì. Contentissime. *Da chi è stata invitata Alessandra?*

———————————————————

Bene. Da Giancarlo. *Chi era Giancarlo?*

———————————————————

Sì. Un caro amico di Silvia. *Che cosa dava Giancarlo?*

———————————————————

Sì. Dava una festa. *Chi altro aveva invitato?*

———————————————————

Sì. Altri ragazzi e ragazze. *Perchè li aveva invitati?*

———————————————————

Sì. Per ascoltare un po' di musica. *Giancarlo, chi è venuto a prendere?*

———————————————————

Sì. Alessandra e Silvia. *Che avevano fatto le ragazze?*

———————————————————

Sì. Avevano appena finito di mangiare. *Come si erano vestite le ragazze?*

———————————————————

Molto bene. Si erano vestite elegantemente per la festa. *Che indossava Alessandra?*

———————————————————

Sì. Indossava una minigonna rossa e una camicetta di seta bianca. *Chi le aveva regalato la camicetta bianca?*

———————————————————

Sì. I nonni gliel' avevano regalata. *Dove l'avevano comprata?*

———————————————————

Benissimo. L'avevano comprata in una boutique di Bologna. *Che cosa portava Silvia?*

———————————————————

Sì. Blue jeans attillati e una camicetta celeste. *Chi le aveva regalato i blue jeans?*

———————————————————

Sì. Alessandra glieli aveva regalati. *Cosa è successo a Giancarlo appena viste le ragazze?*

———————————————————

Sì. È rimasto senza fiato. *Perchè è rimasto senza fiato?*

———————————————————

Bene. Le ragazze erano ben vestite e bellissime. *Che cosa non riusciva a fare Giancarlo?*

———————————————————

Sì. A distogliere lo sguardo dalle bellissime e perfette gambe di Alessandra. *Quali altre qualità possedeva Alessandra?*

———————————————————

Sì. Aveva una personalità distinta e raffinata. *Che altro possedeva?*

Sì. Un sorriso incantevole. *E come era Silvia?*

_____

Bene. Affascinante e seducente. *Che cosa avrebbe fatto?*

_____

Sì. Innamorare qualsiasi ragazzo di Bologna. *Che cosa hanno fatto le due ragazze?*

_____

Sì. Hanno salutato i nonni. *Che cosa gli hanno detto?*

_____

Sì. Che sarebbero andate ad una festa lì vicino. *E che hanno fatto poi?*

_____

Esatto. Si sono unite a Giancarlo e si sono avviate verso la casa. *Chi gli ha presentato?*

_____

Bene. Marco, Pina, Angela, Mario, Carlo, Dino. *Come si sono comportati con Alessandra?*

_____

Bene. Sono stati gentili ed ospitali. *Che è successo ad Alessandra?*

_____

Benissimo. È stata subito circondata. *A che cosa rispondeva?*

_____

Sì. Alle varie domande. *Perchè tutti sono rimasti colpiti*

_____

Esattamente. Per la conoscenza che Alessandra aveva dell'italiano. *A quale domanda Alessandra ha dovuto rispondere più volte?*

_____

Bene. Dove hai studiato l'italiano? *Perchè l'università della California a Berkeley è conosciuta dagli studenti bolognesi?*

_____

Bene. A causa del programma che tale università ha a Bologna. *Che cosa significa essere sulla bocca di tutti?*

_____

Benissimo. Significa che tutti ne parlano. *Che cosa avevano notato Alessandra e Silvia?*

_____

Sì. Che alcuni ragazzi più che ascoltare la musica volevano conoscerle meglio. *Perchè?*

_____

Sì. Erano istintivamente attratti dalla loro bellezza. *Dove sono state invitate?*

Sì. Ad uscire e ad andare alla spiaggia di Rimini. *Qualcuno dove voleva portarle?*

_____

Bene. A fare un'escursione a San Marino. *Perchè Giancarlo era piuttosto nervoso?*

_____

Bene. Perchè era turbato dalla bellezza di Alessandra. *E da che altro?*

_____

Benissimo. Da tutti gli altri ragazzi. *Per quale ragione?*

_____

Sì. Perchè continuamente cercavano di richiamare l'attenzione di Alessandra. *Che cosa aveva Alessandra?*

_____

Sì. La difficoltà della scelta. *Come si sentiva Alessandra?*

_____

Sì. Si sentiva ammirata come una dea. *Come era questa esperienza?*

_____

Bene. Dolcissima.

Bene abbiamo finito per adesso, arrivederci a presto con la prossima lezione.

_____

UNIT XXVI   (Unità XXVI)

Tape script part 1   (Registrazione della prima parte)

Alessandra, insieme alle cugine ed ai nonni, ha deciso di andare a passare una vacanza sulle famose spiagge di Rimini. Hanno caricato tutto il necessario sulla macchina e sono partiti la mattina presto. Hanno preso l'autostrada che da Bologna porta a Rimini. Nell'autostrada c'era molto traffico dato che era il mese di luglio, e molti italiani vanno in vacanza al mare proprio durante questo mese. Hanno visto un segnale stradale che indicava Rimini e sono usciti. Al casello autostradale hanno pagato il pedaggio e Alessandra è rimasta sorpresa nel vedere che in Italia si paga il pedaggio autostradale mentre negli Stati Uniti si paga raramente. Negli Stati Uniti spesso si paga per attraversare i ponti come ad esempio il Golden Gate Bridge di San Francisco. La famiglia, arrivata a Rimini, ha iniziato a cercare un appartamento. Durante la ricerca hanno guardato molti appartamenti: dal centro di Rimini pieno di gente e di rumori, ai quartieri della periferia con grandi palazzi e centinaia di appartamenti. Hanno visto vari di appartamenti, ma loro volevano qualcosa non lontano dalla spiaggia. C'era un traffico incredibile per cui hanno deciso di parcheggiare la macchina e di andare a piedi. Mentre camminavano, Alessandra ha notato un cartello davanti ad una palazzina non lontana dalla spiaggia, su cui era scritto "affittasi appartamento." L'appartamento aveva tutti i requisiti che desideravano. Era al terzo piano in una palazzina moderna con stanze ben distribuite, un bell'ingresso, il salotto e una delle camere aveva un balcone. Alessandra ha notato anche due scaldabagni e ha chiesto al nonno cosa fossero. Il portiere del palazzo era molto gentile, ha mostrato loro la cantina, l'ascensore, la cassetta della posta e la terrazza da cui si poteva ammirare il bellissimo panorama della spiaggia e del mare Adriatico. C'era anche un cortile per parcheggiare la macchina. Soddisfatti dell'appartamento, il nonno di Alessandra ha subito firmato il contratto d'affitto.

Synopsis

Vacation in Rimini. Alessandra, her cousins, and grandparents decided to spend their vacation on the famous beaches of Rimini. While driving from Bologna to Rimini they encountered heavy traffic on the highway because July is the month when many Italians go on vacation. Upon their arrival to Rimini they began to look for an apartment close to the beach. They found one in a small modern building. It was on the third floor and it had all the amenities they were looking for. It also had a beautiful view of the beach and the Adriatic sea.

VOCABULARY

The following vocabulary is useful when traveling by car in Italy and for finding lodging.

Nouns

l'ascensore	*elevator*
l'autostrada	*highway*
il balcone	*balcony*
la cantina	*cellar*
il cartello	*sign (rental)*
il casello	*toll-booth, tollgate*
(le) centinaia	*hundred*
la casetta della posta	*mail box*

il contratto d'affitto	*rental contract*
il cortile	*courtyard*
l'ingresso	*entrance*
il luglio	*July*
la palazzina	*small building*
il pedaggio	*toll*
la periferia	*outskirts, suburbs*
il portiere	*doorkeeper*
il requisito	*requirement*
il salotto	*living room*
lo scaldabagno	*water heater*
il segnale stradale	*road sign*
la stanza	*room*
la terrazza	*terrace*

Verbs

hanno caricato	*loaded*
ha firmato	*signed*
ha iniziato	*started*
indicava	*indicated*
porta	*leads, takes*

Different Expressions

affittasi appartamento	*apartment for rent*
al terzo piano	*on the third floor*
ben (e)	*well*

Tape script part 2   (Registrazione della seconda parte)

Listen to the story several times then respond to the questions the best way you can: *(Ascolta la storia molte volte e poi rispondi alle domande nel miglior modo possibile)*

Eccoci di nuovo con Alessandra. *Dove ha deciso di andare Alessandra?*

Sì. A passare una vacanza sulle famose spiagge di Rimini. *Con chi va a passare la vacanza?*

_____

Bene. Insieme alle cugine ed ai nonni. *Quando sono partiti?*

_____

Sì. La mattina presto. *Che cosa hanno caricato sulla macchina?*

_____

Sì. Tutto il necessario. *Che cosa significa il 'necessario'?*

_____

Sì. Tutte le cose di cui hanno bisogno. *Che hanno preso?*

_____

Sì. L'autostrada. *Dove porta l'autostrada?*

_____

Sì. Da Bologna a Rimini. *Perchè c'era molto traffico?*

_____

Sì. Perchè era il mese di luglio. *Che cosa fanno molti italiani nel mese di luglio?*

_____

Molto bene. Vanno in vacanza al mare. *Che cosa hanno visto?*

_____

Sì. Un segnale stradale che indicava Rimini. *Dove hanno pagato il pedaggio?*

_____

Sì. Al casello autostradale. *Perchè Alessandra è rimasta sorpresa?*

_____

Benissimo. Perchè ha visto che in Italia si paga il pedaggio autostradale. *Si paga negli Stati Uniti il pedaggio autostradale?*

_____

Bene. Si paga raramente. *Negli Stati Uniti che cosa si paga spesso?*

_____

Sì. Si paga per attraversare i ponti. *Cosa ha iniziato a cercare la famiglia?*

_____

Sì. Un appartamento. *Come è il centro di Rimini?*

_____

Bene. Pieno di gente e di rumori. *Che cosa c'è nei quartieri della periferia?*

_____

Sì. Grandi palazzi e centinaia di appartamenti. *Che cosa volevano?*

Sì. Qualcosa non lontano dalla spiaggia. *Perchè hanno deciso di parcheggiare la macchina e andare a piedi?*

_____

Sì. Perchè c'era un traffico incredibile. *Che cosa ha notato Alessandra mentre camminavano?*

_____

Bene. Ha notato un cartello davanti ad una palazzina. *Dove era la palazzina?*

_____

Sì. Non lontana dalla spiaggia. *Che cosa era scritto sul cartello?*

_____

Sì. "Affittasi appartamento." *Che cosa aveva l'appartamento?*

_____

Sì. Tutti i requisiti che desideravano. *A che piano era?*

_____

Esatto. Al terzo piano. *Come erano le stanze?*

_____

Bene. Ben distribuite. *Cosa aveva il salotto e una delle camere?*

_____

Bene. Un balcone. *Che cosa ha notato Alessandra?*

_____

Benissimo. Due scaldabagni. *Che cosa ha chiesto al nonno?*

_____

Sì. Cosa fossero gli scaldabagni. *Cosa è uno scaldabagno?*

_____

Esattamente. Un apparecchio elettrico o a gas con cui si scalda l'acqua per il bagno. *Cosa ha mostrato il portiere del palazzo?*

_____

Bene. La cantina, l'ascensore, la cassetta della posta e la terrazza. *Che cosa si poteva ammirare dalla terrazza?*

_____

Bene. Il bellissimo panorama della spiaggia e del mare Adriatico. *Che cosa altro c'era?*

_____

Benissimo. Un cortile per parcheggiare la macchina. *Che cosa ha firmato subito il nonno di Alessandra?*

_____

Sì. Il contratto d'affitto. *Perchè ha firmato subito?*

Sì. Perchè era soddisfatto dell'appartamento.

Bene abbiamo finito per adesso, arrivederci a presto con la prossima lezione.

UNIT XXVII   (Unità XXVII)

Tape script part 1   (Registrazione della prima parte)

Alessandra e le due cugine i primi giorni hanno esplorato la spiaggia di Rimini e dei dintorni. Alessandra non aveva mai visto una spiaggia così bella e affollata. Non aveva mai visto tanti giovani insieme. Prima di tutto c'erano molti turisti tedeschi, inglesi e americani nonchè molti italiani che erano in vacanza. Queste spiagge lungo il litorale adriatico sono molto diverse da tutte le spiagge della California; le acque sono basse e molto calme, e la temperatura è ideale per fare il bagno. Lungo le spiagge non c'è mai la nebbia e d'estate non tira mai vento. Alessandra ha potuto vedere migliaia di ombrelloni multicolori lungo le spiagge. Vicinissimi alle spiagge ci sono alberghi, ristoranti, gelaterie e negozi che diventano affollatissimi la sera. Ci sono inoltre molte discoteche dove giovani di tutte le parti del mondo si divertono a ballare o ad ascoltare la musica. È il luogo ideale per conoscersi. I nonni hanno prenotato due ombrelloni per le nipoti. La mattina verso le dieci Alessandra, Silvia e Federica sono andate in spiaggia. Tutte e tre indossavano dei bikini bellissimi e prima di esporsi al sole, si sono spalmate sulla pelle creme protettive e abbronzanti. Le tre giovani donne volevano abbronzarsi, perchè credevano che una bella abbronzatura le rendesse più attraenti di quello che fossero. Mentre sono sdraiate sotto il sole mediterraneo, le ragazze si distraggono parlando tra di loro o con le persone dell'ombrellone vicino. Alcuni giovani avendo visto le tre bellezze si sono timidamente avvicinati e le hanno invitate a giocare a pallavolo. Loro hanno accettato e dopo essersi presentate li hanno seguiti su un campo di pallavolo improvvisato nella spiaggia. Quando le tre ragazze si sono alzate erano così carine da far girar la testa a tutti gli uomini che erano lì intorno.

Synopsis

On the Beach. Alessandra has never seen a beach so beautiful and so crowded. There were a lot of young people: German, English, and American tourists, and Italians on vacation. Alessandra noticed that the sea was calm and it was the ideal temperature for swimming. Near the beach were hotels, restaurants, ice-cream shops, and stores. There were also many discotheques where young people could dance and listen to the music. Alessandra, Silvia, and Federica went to the beach at ten in the morning. They wanted to get a tan. They chatted among themselves until a group of young men invited them to play volleyball on the beach. They accepted their offer.

VOCABULARY

The following vocabulary is helpful when talking about things that take place on a beach.

Nouns

l'abbronzatura	*tan*
l'acqua	*water*
la bellezza	*beauty*
il campo	*field*
il corpo	*body*
la crema	*cream, lotion*
la gelateria	*ice-cream shop*
il litorale	*coast*
l'ombrellone	*beach-umbrella*
la testa	*head*

Verbs

abbronzarsi	*to get a tan*
esporsi	*to expose oneself*
far girare	*to make turn*
fare il bagno	*to take a swim*
giocare a pallavolo	*to play volleyball*
hanno esplorato	*explored*

si sono spalmate	*rubbed (lotion)*
indossavano	*were wearing*
(le) rendesse	*would make (them)*
si divertono	*have a good time*
si distraggono	*take their minds off*
sono sdraiate	*are stretched out,*
tira vento	*it is windy*

Adjectives

affollato	*crowded*
abbronzante	*tanning, suntan*
basso	*shallow*
calmo	*calm*
improvvisato	*improvised*
mediterraneo	*Mediterranean*
multicolore	*multi-colored*

Different Expressions

timidamente	*shyly*

Tape script part 2   (Registrazione della seconda parte)

Listen to the story several times then respond to the questions the best way you can: *(Ascolta la storia molte volte e poi rispondi alle domande nel miglior modo possibile)*

Eccoci con Alessandra a Rimini. *Che hanno fatto Alessandra e le due cugine i primi giorni?*

_____

Sì. Hanno esplorato la spiaggia di Rimini e dei dintorni. *Che cosa non aveva mai visto Alessandra?*

_____

Bene. Una spiaggia così bella e affollata. *Che altro non aveva mai visto?*

Sì. Tanti giovani insieme. *Quali turisti c'erano?*

_____

Sì. Tedeschi, inglesi, americani ed italiani. *Perchè le spiagge del litorale adriatico sono diverse da quelle della California?*

_____

Sì. Le acque sono basse e molto calme. *Come è la temperatura?*

_____

Sì. Ideale per fare il bagno. *C'è nebbia lungo le spiagge?*

_____

Bene. Lungo le spiagge non c'è mai nebbia. *D'estate tira vento?*

_____

Sì. Non tira mai vento. *Che cosa ha potuto vedere Alessandra lungo le spiagge?*

_____

Molto bene. Migliaia di ombrelloni multicolori. *Che cosa c'è vicino alle spiagge?*

_____

Sì. Ci sono alberghi, ristoranti, gelaterie e negozi. *Come diventano la sera?*

_____

Sì. Affollatissimi. *Che cosa altro c'è?*

_____

Benissimo. Ci sono molte discoteche. *Che cosa fanno i giovani nelle discoteche?*

_____

 Bene. Si divertono a ballare e ad ascoltare la musica. *Che cosa è la discoteca per i giovani?*

_____

Sì. È il luogo ideale per conoscersi. *Cosa hanno prenotato i nonni?*

_____

Due ombrelloni per le nipoti. *Dove sono andate la mattina verso le dieci le tre ragazze?*

_____

Bene. Sono andate in spiaggia. *Che cosa indossavano tutte e tre?*

_____

Sì. Dei bikini bellissimi. *Prima di esporsi al sole cosa si sono spalmate sulla pelle?*

_____

Sì. Creme protettive e abbronzanti. *Cosa volevano le tre donne?*

_____

Sì. Volevano abbronzarsi. *Che cosa credevano?*

Bene. Che una bella abbronzatura le rendesse più attraenti di quello che fossero. *Cosa fanno mentre sono sdraiate sotto il sole mediterraneo?*

_____

Sì. Si distraggono parlando tra di loro o con i vicini di ombrellone. *Che hanno fatto alcuni giovani?*

_____

Sì. Si sono avvicinati per invitarle a giocare a pallavolo. *Cosa hanno fatto dopo essersi presentate?*

_____

Sì. Li hanno seguiti su un campo di pallavolo. *Come era il campo di pallavolo?*

_____

Esatto. Improvvisato nella spiaggia. *Come erano le tre ragazze?*

_____

Bene. Carine. *A chi hanno fatto girar la testa quando si sono alzate?*

_____

Bene. A tutti gli uomini che erano lì intorno.

Bene abbiamo finito per adesso, arrivederci a presto con la prossima lezione.

UNIT XXVIII   (Unità XXVIII)

Tape script part 1   (Registrazione della prima parte)

A Rimini Alessandra ha conosciuto Bruno, un bel ragazzo, studente universitario di economia e commercio all'università di Firenze. Bruno era venuto a passare un fine settimana a Rimini con alcuni amici e una sera ha conosciuto Alessandra in discoteca. È stato un colpo di fulmine; Alessandra indossava un bel vestito da sera un po' scollato, e Bruno era lì che la ammirava. Dopo un po' le si è avvicinato e con un sorrisetto l'ha invitata a ballare. Alessandra e Bruno hanno ballato e parlato a lungo quella sera, e tra di loro si è subito stabilita una simpatia reciproca, sembravano fatti l'uno per l'altro. Bruno è apparso ad Alessandra il ragazzo ideale. Alto con capelli neri e due occhioni, sembrava impersonare per lei il tipico ragazzo italiano. Bruno, un ragazzo molto educato e istruito, si è comportato molto bene con Alessandra. Voleva fare una bella figura davanti ad una ragazza americana. Hanno parlato dei loro rispettivi studi e carriere, e del sistema educativo americano ed italiano. Dopo aver conosciuto Alessandra, Bruno è rimasto a Rimini ancora alcuni giorni, non riusciva a lasciare questa ragazza e l'opportunità di conoscerla meglio. Bruno è andato anche a conoscere i nonni di Alessandra, e a parlare con loro. Questo comportamento di Bruno, piuttosto tradizionale e raro nei giovani moderni, ha suscitato molta ammirazione e stima in Alessandra. Bruno è piaciuto molto ai nonni e alle cugine di Alessandra, infatti una sera lo hanno anche invitato a cena. Bruno è venuto e ha portato un bel mazzo di rose ad Alessandra, una bottiglia di *Brunello* ai suoi nonni, e una scatola di cioccolatini alla nocciola a Federica e Silvia. La relazione tra Alessandra e Bruno cresceva e si intensificava ogni giorno, ma per Alessandra si avvicinava la partenza.

Synopsis

Alessandra's Italian Boyfriend. Alessandra met Bruno, a university student from Florence, in one of Rimini's many discotheques. She liked him right away and they spent the evening dancing and talking about their studies and future careers. Alessandra saw Bruno as a typical Italian young man, very handsome with dark hair and big eyes. Bruno, on the other hand, wanted to know Alessandra better, and he stayed in Rimini a few more days. He even met Alessandra's grandparents who liked him so much that they invited him for dinner. He came and brought a bouquet of flowers for Alessandra, a bottle of *Brunello* for her grandparents, and a box of chocolates for Federica and Silvia.

VOCABULARY

The following terms are useful when describing people and customs.

Nouns

la bottiglia	*bottle*
la carriera	*career*
i cioccolatini	*chocolates*
il colpo di fulmine	*love at first sight, stroke of lightening*
il commercio	*business*
l'economia	*economy*
il mazzo di rose	*bouquet of roses*
gli occhioni	*big eyes*

la partenza	*departure*
la scatola	*box*
la sera	*evening*
la simpatia	*liking*
il sorrisetto	*little smile*
la stima	*respect*

Verbs

cresceva	*was growing*
è apparso	*appeared*
fare bella figura	*to make a good impression*
ha suscitato	*kindled*
impersonare	*to impersonate*
intensificare	*to intensify*
si è comportato	*behaved*
si è stabilita	*was established*

Adjectives

educato	*polite*
istruito	*educated*
reciproco	*reciprocal*
raro	*rare*
rispettivo	*respective*
scollato	*low-necked*

Different Expressions

alla nocciola	*with hazelnuts*

Tape script part 2   (Registrazione della seconda parte)

Listen to the story several times then respond to the questions the best way you can: *(Ascolta la storia molte volte e poi rispondi alle domande nel miglior modo possibile)*

Eccoci di nuovo con Alessandra a Rimini. *Chi ha conosciuto Alessandra a Rimini?*

_____

Sì. Ha conosciuto Bruno. *Che cosa fa Bruno?*

_____

Bene. È uno studente di economia e commercio. *Dove studia?*

_____

Sì. All'università di Firenze. *Che cosa era venuto a fare Bruno a Rimini?*

_____

Sì. A passare un fine settimana con alcuni amici. *Dove ha conosciuto Alessandra?*

_____

Sì. In discoteca. *Cosa è avvenuto?*

_____

Sì. È stato un colpo di fulmine. *Che indossava Alessandra?*

_____

Bene. Un vestito da sera. *Come era il vestito da sera?*

_____

Sì. Un po' scollato. *Che cosa ha fatto Bruno?*

_____

Molto bene. Le si è avvicinato e con un sorrisetto l'ha invitata a ballare. *Che hanno fatto Alessandra e Bruno quella sera?*

_____

Sì. Hanno ballato e parlato a lungo. *Che cosa si è stabilito tra di loro?*

_____

Sì. Una reciproca simpatia. *Che cosa sembravano?*

_____

Benissimo. Fatti l'uno per l'altro. *Come è apparso Bruno ad Alessandra?*

_____

Bene. Il ragazzo ideale. *Che cosa sembrava Bruno ad Alessandra?*

_____

Sì. Il tipico ragazzo italiano. *Come era Bruno?*

_____

Sì. Alto con capelli neri e due grandi occhi. *Come si è comportato Bruno con Alessandra?*

_____

Esattamente. Si è comportato bene. *Che cosa voleva fare con Alessandra?*

Sì. Bella figura. *Di che cosa hanno parlato?*

_____

Sì. Dei loro rispettivi studi e carriere. *E di che altro hanno parlato?*

_____

Sì. Del sistema educativo americano ed italiano. *Perchè Bruno è rimasto a Rimini ancora alcuni giorni?*

_____

Bene. Perchè non riusciva a lasciare questa ragazza e l'opportunità di conoscerla. *Chi è andato a conoscere Bruno?*

_____

Sì. È andato a conoscere i nonni di Alessandra. *Che cosa ha suscitato il comportamento di Bruno ad Alessandra?*

_____

Sì. Ha suscitato molta ammirazione e stima. *Come era il comportamento di Bruno?*

_____

Sì. Piuttosto tradizionale e raro. *A chi è piaciuto molto Bruno?*

_____

Esatto. Ai nonni e alle cugine di Alessandra. *Una sera che hanno fatto?*

_____

Bene. Lo hanno invitato a cena. *Che ha portato ad Alessandra?*

_____

Bene. Un bel mazzo di rose. *Che ha portato ai nonni?*

_____

Sì. Una bottiglia di *Brunello*. *Che cosa ha portato a Federica e Silvia?*

_____

Sì. Una scatola di cioccolatini alla nocciola. *Che cosa cresceva e si intensificava ogni giorno?*

_____

Sì. La relazione tra Alessandra e Bruno. *Che cosa si avvicinava per Alessandra?*

_____

Esatto. Si avvicinava la partenza.

Bene abbiamo finito per adesso, arrivederci a presto con la prossima lezione.

UNIT XXIX   (Unità XXIX)

Tape script part 1   (Registrazione della prima parte)

L'esperienza di Alessandra a Rimini era stata incredibile. Alessandra e le sue cugine erano abbronzatissime. Questa era un'abbronzatura che lei non aveva mai avuto in vita sua. Aveva passato molti giorni al mare e si era divertita intensamente. Aveva conosciuto Bruno e provava per lui un sentimento profondo. Bruno si era sicuramente innamorato di Alessandra, e non passava un giorno che non la invitasse ad uscire con lui. Alessandra era ormai ritornata a Bologna e Bruno veniva tutti i giorni a trovarla. Alessandra aveva esplorato tutte le gelaterie di Rimini, ed ora quelle di Bologna; aveva gustato gelati di mille colori e sapori. Insieme avevano passato giornate al sole, fatto passeggiate lungo la spiaggia, avevano ballato appassionatamente nelle varie discoteche, si erano rilassati sotto l'ombra di un ombrellone in un bar all'aperto gustando un bel gelato alla fragola o bevendo un cappuccino. Alessandra non riusciva a pensare che prima o poi sarebbe dovuta partire e ritornare in California, a Berkeley, dai suoi. Stava vivendo un sogno, e non avrebbe mai voluto svegliarsi. Aveva dimenticato tutto e tutti, anche se, da ragazza responsabile che era, conversava al telefono con i suoi genitori, con la sorella Anna ed il fratello Roberto quasi tutti i giorni. Aveva anche scritto una lettera a Amy descrivendole le sue avventure a Roma con le cugine, e soprattutto l'incontro con Bruno. Bruno, dopo aver conosciuto Alessandra, viveva per lei ed aveva perfino dimenticato di essere uno studente universitario che avrebbe dovuto anche studiare qualche volta. Non c'era dubbio che avesse perso la testa per Alessandra, e a giusta ragione. Chi non si sarebbe innamorato di questa ragazza?

Synopsis

Life is a Dream. Alessandra's stay in Rimini was incredible. She got the best tan in her life, had fun, and she met Bruno. Bruno fell in love with her and when Alessandra returned to Bologna he came to visit her every day. They spent time together going from one ice-cream shop to another sampling different flavors of ice-cream, they walked along the beach in Rimini, and danced in discotheques. Alessandra was living a dream and could not even envision that she would have to return to California. Being responsible as she always was, she talked to her parents, sister and brother daily and even wrote a letter to

Amy. Bruno could only think of Alessandra, and he even forgot about being a student and having to study from time to time.

VOCABULARY

The following terms are helpful when describing different leisure activities.

Nouns

l'avventura	*adventure*
l'ombra	*shadow*
il sentimento	*feeling*
il sogno	*dream*

Verbs

aveva esplorato	*had explored*
aveva gustato	*had tasted*
conversava	*talked*
provava	*was feeling*
si erano rilassati	*had relaxed*
stava vivendo	*was living*

Adjectives

profondo	*profound*

Different Expressions

appassionatamente	*passionately*
a giusta ragione	*for the right reason*
alla fragola	*with strawberries*
intensamente	*intensely*
sicuramente	*surely*

Tape script part 2   (Registrazione della seconda parte)

Listen to the story several times then respond to the questions the best way you can: *(Ascolta la storia molte volte e poi rispondi alle domande nel miglior modo possibile)*

Eccoci di nuovo con Alessandra e Bruno. *Come era stata l'esperienza di Alessandra a Rimini?*

_____

Sì. Era stata incredibile. *Come erano le tre ragazze?*

_____

Bene. Abbronzatissime. *Che tipo di abbronzatura era?*

_____

Sì. Che non aveva mai avuto in vita sua. *Che cosa provava per Bruno Alessandra?*

_____

Sì. Provava per lui un sentimento profondo. *Che cosa era successo a Bruno?*

_____

Sì. Si era sicuramente innamorato di Alessandra. *E non passava un giorno che...?*

_____

Sì. Non la invitasse a uscire con lui. *Dove andava a trovarla Bruno?*

_____

Bene. A Bologna. *Perchè?*

_____

Sì. Perchè Alessandra era ritornata a Bologna. *Che cosa aveva esplorato Alessandra?*

_____

Molto bene. Tutte le gelaterie di Rimini e quelle di Bologna. *Che aveva gustato?*

_____

Sì. Gelati di mille colori e sapori. *Che cosa avevano fatto insieme?*

_____

Sì. Passato giornate al sole, fatto passeggiate lungo la spiaggia. *Che altro avevano fatto?*

_____

Benissimo. Avevano ballato nelle discoteche. *Dove si erano rilassati?*

_____

Bene. Sotto l'ombra di un ombrellone. *Dove?*

_____

Sì. In un bar all'aperto. *Facendo che cosa?*

Sì. Gustando un gelato alla fragola o bevendo un cappuccino. *Cosa non riusciva a pensare Alessandra?*

_____

Esattamente. Che prima o poi sarebbe dovuta ritornare in California. *Dove? e da chi?*

_____

Sì. A Berkeley, e dai suoi. *Che cosa stava vivendo?*

_____

Sì. Un sogno. *E che non avrebbe mai voluto fare?*

_____

Sì. Svegliarsi. *Cosa aveva dimenticato?*

_____

Bene. Tutto e tutti. *Con chi conversava al telefono?*

_____

Sì. Con i suoi genitori, con la sorella e con il fratello. *A chi aveva scritto una lettera?*

_____

Sì. A Amy. *Cosa le descriveva?*

_____

Sì. Le sue avventure passate a Roma. *E che altro descriveva a Amy?*

_____

Esatto. L'incontro con Bruno. *Cosa aveva dimenticato Bruno?*

_____

Bene. Di essere uno studente universitario. *Che avrebbe dovuto fare Bruno qualche volta?*

_____

Bene. Avrebbe dovuto studiare. *Di che non c'era alcun dubbio?*

_____

Sì. Che avesse perso la testa per Alessandra. *Per una ragione giusta?*

_____

Sì. A giusta ragione. *Perchè?*

_____

Sì. Perchè chiunque si sarebbe innamorato di questa ragazza.

Bene abbiamo finito per adesso, arrivederci a presto con la prossima lezione.

150

UNIT XXX   (Unità XXX)

Tape script part 1   (Registrazione della prima parte)

Benchè Alessandra avesse passato le vacanze più belle della sua vita insieme alle cugine ed ai nonni e avesse conosciuto Bruno, l'idea della partenza la turbava molto. Quando era insieme a Bruno negli ultimi giorni, spesso diventava muta; lo stesso accadeva a Bruno. Bruno spesso si emozionava e non riusciva a parlare. Una sera Bruno le aveva promesso che sarebbe venuto negli Stati Uniti per lei e per continuare i suoi studi. Del resto avrebbe voluto imparare l'inglese molto bene dato che stava per ricevere la laurea in economia e commercio, ed oggi non si parla che di economia internazionale per cui la conoscenza dell'inglese avrebbe dato valore alla sua laurea e gli avrebbe dato la possibilità di trovare facilmente un buon lavoro. Aveva persino detto che gli sarebbe piaciuto fare un *Master* 's a Berkeley. L'idea era piaciuta molto ad Alessandra che così vedeva la possibilità di rivedere Bruno. Alessandra aveva anche detto che sarebbe ritornata in Italia e si sentiva parte integrante della sua famiglia italiana. I due giovani si facevano promesse ed erano sinceri, ma l'idea della separazione giustamente li addolorava. Alessandra aveva incominciato a fare le valigie, e vi aveva messo dentro i vari regali da portare ai parenti ed agli amici. La nonna aveva preparato una cena d'addio che era tanto speciale quanto quella che aveva preparato per celebrare il suo arrivo. La mattina tutti i parenti erano venuti a salutarla e le avevano portato un regalino. Alessandra, Bruno e tutti sono andati all'aeroporto di Bologna. Un' impiegata della British Airways ha annunciato il volo diretto a Londra ed Alessandra ha salutato tutti. L'ultimo ad avvicinarsi è stato Bruno che con le lacrime agli occhi l'ha abbracciata fortemente e le ha dato un bacio. Alessandra era molto commossa e non è riuscita a trattenere i singhiozzi e le lacrime che scendevano sulle sue guance come gocce di rugiada scendono sulle foglie all'apparire dei raggi del sole. L'aereo decolla e Alessandra triste e muta ignora persino i passeggeri seduti accanto a lei. Dopo una ventina di minuti l'aereo sorvola le Alpi, e la realtà sembra riaffermarsi con la spettacolare veduta del Monte Bianco. L'Italia è dietro le spalle, ma Alessandra porta con sè ricordi, sogni e speranze.

Synopsis

Saying Goodby. The day of Alessandra's departure became near and the last days she spent with Bruno were filled with silence. He was often overcome by his emotions. He promised her that he would come to the United States to continue with his studies and to learn English, a dominant language in his field of economy and business. Alessandra liked that idea. She told him that she would return to Italy because she feels like she is an integral part of her Italian family. The day of Alessandra's departure all her relatives came to give her their farewell and to bring her little presents to take to America. Everyone went to the airport and when the time came to board the plane Alessandra was very emotional. She said goodbye to everyone and to Bruno last. She was speechless and unable to stop crying. She boarded the plane and only after twenty minutes in the air, when the plane was over the Alps, she realized that Italy was behind her but she brought with her memories, dreams, and hopes.

VOCABULARY

The following vocabulary is helpful when talking about feelings and emotional situations.

Nouns

l'apparire	*appearing*
il bacio	*kiss*
la cena d'addio	*farewell dinner*
la goccia di rugiada	*dewdrop*
la guancia	*cheek*
l'impiegata	*employee*
la lacrima	*tear*
la laurea	*degree*
la necessità	*necessity*
la realtà	*reality*
il regalino	*little gift*
il ricordo	*memory*
la rugiada	*dew*
la separazione	*separation*
il singhiozzo	*sob*
il sogno	*dream*
la speranza	*hope*
il valore	*value*

Verbs

addolorava	*saddened*
aveva promesso	*had promised*
era commossa	*was moved*
era piaciuta	*had liked it*
ha annunciato	*announced*
ignora	*ignores*
riaffermarsi	*to reaffirm*
rivedere	*to see again*
scendevano	*were descending*
si emozionava	*became emotional*
trattenere	*to keep, hold*

Adjectives

integrante	*integral*
muto	*mute*
sincero	*sincere*
spettacolare	*spectacular*

Different Expressions

dietro le spalle	*behind*
giustamente	*rightfully*

Tape script part 2 (Registrazione della seconda parte)

Listen to the story several times then respond to the questions the best way you can: *(Ascolta la storia molte volte e poi rispondi alle domande nel miglior modo possibile)*

Stiamo per concludere la storia di Alessandra. *Che cosa turbava Alessandra?*

————————————————

Sì. L'idea della partenza. *Come diventava quando stava insieme a Bruno?*

Bene. Spesso diventava muta. *Che accadeva a Bruno?*

_____

Sì. Lo stesso. *Perchè Bruno non riusciva a parlare?*

_____

Sì. Perchè spesso si emozionava. *Che le ha promesso Bruno?*

_____

Sì. Che sarebbe venuto negli Stati Uniti per lei e per continuare gli studi. *Che avrebbe voluto imparare?*

_____

Sì. Avrebbe voluto imparare l'inglese molto bene. *Perchè?*

_____

Bene. Perchè stava per ricevere la laurea in economia e commercio. *Di che si parla oggi?*

_____

Sì. Di economia internazionale. *Che avrebbe dato valore alla sua laurea?*

_____

Molto bene. La conoscenza dell'inglese. *E che possibilità gli avrebbe dato?*

_____

Sì. Di trovare facilmente un buon lavoro. *Che cosa sarebbe piaciuto a Bruno?*

_____

Sì. Di fare un *Master* a Berkeley. *Perchè l'idea era piaciuta ad Alessandra?*

_____

Benissimo. Vedeva la possibilità di rivedere Bruno. *Perchè Alessandra aveva detto che sarebbe ritornata in Italia?*

_____

Bene. Perchè si sentiva parte integrante della sua famiglia italiana. *Cosa facevano i due giovani?*

_____

Sì. Si facevano promesse. *Che cosa li addolorava?*

_____

Sì. L'idea della separazione. *Cosa aveva cominciato a fare Alessandra?*

_____

Esattamente. Le valigie. *Cosa vi aveva messo dentro?*

_____

Sì. I regali da portare ai parenti e agli amici. *Che cosa aveva preparato la nonna?*

_____

Sì. La cena d'addio. *E come era la cena d'addio?*

Sì. Tanto speciale quanto quella che aveva preparato per celebrare il suo arrivo. *Chi era venuto a salutare Alessandra la mattina?*

Bene. Tutti i parenti. *Che le avevano portato?*

Sì. Un regalino. *Che ha annunciato l'impiegata della British?*

Sì. Il volo diretto a Londra. *Chi si è avvicinato l'ultimo?*

Sì. Bruno. *Che cosa aveva agli occhi?*

Esatto. Lacrime. *Cosa ha fatto Bruno?*

Bene. L' ha abbracciata fortemente e le ha dato un bacio. *Che cosa non riusciva a trattenere Alessandra?*

Bene. I singhiozzi e le lacrime. *Dove e come scendevano le lacrime?*

Sì. Sulle sue guance, come gocce di rugiada scendono sulle foglie. *Come è Alessandra?*

Sì. Triste e muta. *Chi ignorava?*

Sì. I passeggeri seduti accanto a lei. *Cosa sorvola l'aereo dopo una ventina di minuti?*

Bene. Le Alpi. *E la realtà come si riafferma per Alessandra?*

Bene. Con la spettacolare veduta del Monte Bianco. *Che cosa porta con sè Alessandra?*

Sì. Alessandra porta con sè: ricordi, sogni e speranze.

Bene abbiamo finito la storia di Alessandra, ci auguriamo che vi sia piaciuta e che abbiate imparato molto italiano da poter andare in Italia ed avere un'esperienza simile.